JN436455

창조문학대표시인선 · 257

생명의 숨소리를 난 사랑한다

김 서 휘 시집

창조문학사

□ 서문

시(詩)는 내 숙명(宿命)이었다

세월의 흐름은 붙잡을 순간도 없이 5년이란 시간을 흐르고 흘러서 나 또한 지금 여기 이 자리에 앉아 있다. 낙목한풍, 칼바람 매섭고도 냉정함을 그 무엇에 비유할까? 그저 의구함만이 뒤따라 설 뿐이었다. 난 거기에 아무런 준비조차 서 있질 않았음에도 불구하고...... 그렇게 난 벌써 첫 번째 시집에 이어 어느새 이젠 시인으로서 벗어날 수 없는 어엿한 세 번째 시집을 이번 내려 한다. 모든 거 세월과 함께 뒤로 퇴화 돼 있었던 것만은 아니었음을...... 그 속엔 그야말로 성숙(成熟)이란 두 단어가 있었다. 글쎄, 내가 그 두 단어를 쓸 자격이 될는지 모르겠지만......

어쨌든 나, 이번 내 시편들 앞에선 성숙미(成熟美)란 단어를 써 본다. 어떻게 그 모든 거 인간으로써도 퇴화의 길을 걸었었단 생각만 했었는데 그래도 그 길엔 긍정적인 면, 성숙미가 어떻게 존재하고 있었던 건지...... 그래서 어쩜 나, 시(詩)로썬 세월의 흐름과 함께 성숙해져 있었음이 분명하니...... 마치 시(詩)는 내 의지로만이 아닌 세월의 창 날개 펴 듦과 같이 함께 그렇게 말이다. 곤충 중 인종의 왕, 매미가 7년이란 시간을 굼벵이로 땅 속에서 견뎌내고서야 세상 빛을 보지 않는가! 마치도 그와 같이럼 그 깊은 땅속 어둠 속에서 말이다. 그리고서야 비로소 겨우 한 여름 날개 돋쳐서 하늘로 푸르름 숲 속을 제 나래를 좇아서 날아갔었음 일테니까.

제 꿈을 펼쳐 들었음과 같이 말이다. 그런데 나, 어찌럼 내가 매미 울음소리를 쉬이 생각할 수 있으리오까? 그러니 매미는 제 울음소리에 인생을 다 걸었던 것이 아닐까? 시인(詩人)이 가야할 길이 또한 그렇지 않을까!처럼.

그럼 난 지금 매미의 삶 그 어디쯤 가 닿아 있음이란 말인가! 아마 7년이란 기간 중 난 2~3년쯤? 아직도, 아니 지금 한참을 땅속 어둠을 견뎌내고 있음일 테지! 그래도 나 시인의 길 이렇게 견뎌내고 있었음을 보면 말이다. 매미가 어찌 처음부터 매미이고자 선택 해 매미로 태어난 것이었으리까? 내가 나의 인생길 계획 해 태어남이 아니었던 것처럼. 허나 난 지금 아니, 어쩜 처음부터 시인의 길을 내 꿈, 이상향으로 꿈 꿔 걸어오고 있었는지도 모른다. 내 가슴 벅차오르도록 지금 난 지금의 내가 행복하니까. 내 자신 시인으로서 시(詩)를 논할 수 있음에 하늘의 축복임을 느끼니까. 내 인생(人生) 처음으로 진심 하느님께 감사를 드린다. 하느님께 이런 감사를 표할 수 있어 나 또 행복함이기에...... 하느님 감사합니다. 하느님 감사합니다. 이렇게 감사드릴 줄이야. 아! 이것이 벌써 난 시(詩)가 내 숙명의 길이었던 것이 아닐까!

세월의 후퇴 됨 인간으로써도 퇴화의 길 걷고 있음에도 불구하고 난 이 시(詩)로썬 그나마 성숙(成熟)의 길을 돈성, 깨단는 계기를 만들어 주셨으니 말이다.

사실 얼마 전 난 시로선 이제 잊혀져가는 나인건 아닌가! 내 가슴 덜컹 인생 전체가 다 내려앉았었으니까. 시를 아무리 떠올려 봐도 그저 희미한 옛 기억들밖엔 안 떠올랐으니까. 그래서 나, 시의 길도 이렇게 끝나는 거구나 싶었으니까. 근데 이렇게 나, 시를 씀과 더불어 성숙됨까지 안겨져 질 줄이야.

아! 그래서 더 더욱이 내겐 시 씀이, 시인(詩人)의 길이 숙명(宿命)임을 느낀다. 피할 수 없는, 절대 피하고 싶지 않은 숙명(宿命). 나, 지금 이 마음 이대로 내 시(詩)도, 시인(詩人)의 길도 영원하기를...... 내 가슴 깊숙이 내 인생 커다란 주춧돌 하 나 새겨 넣는다.

- 2017년 성하(盛夏) 아침 이른 시간에

생명의 숨소리를 난 사랑한다
김서휘 시집

| 차 례 |

3장: 자연은 아름다움이어라

4장: 가을고독 의문이여

5장: 침묵의 성

1장:
생명, 숨을 막 트고서

해돋이

소나무 산색들로부터 어찌도 넌 그리 날이 날이 깊누냐!
소나무 산중의 은둔자여 어찐들 넌 그리도
날이 날이 새롭나이까?
새소린 산맥등성 올라선 새 하룻날을 샘물 돋우고들 섰으니
솔나무 숲 큰 줄기를 뻗어 뻗쳐서 드높게
하늘의 정기 산맥정기를 타고 올라섰음이오니
오봉산 뫼자리 정상 밑에서 맞아선 새벽
동쪽으로 부용산 선인(仙人)송(松) 하취(夏臭)생(生) 된 듯
송임복호(伏虎)로 귀거래사(歸去來辭) 였으니
그 가운데 어둠의 사자들 암중모색 하강세력였음이려
차가움 또 하 나 상징물 때 이른 새벽별
부지불식간에 일궈낸 자연의 섭리 너와 나 물아일체격
오름이여 오름이여 오름이여라
새 아침의 상징 일취지몽은 멀찌감치 사그라듬이로니
그럼에 난 막 또 찾았도다 찾았도다 찾았음이로다
희망의 형상화 중심 손목선 바짝 붙잡고나 섰음인 듯 싶으니
무릇 파초일엽 휘파람소리 쇠창살도 속수무책
오색단청 꾸밈새를 보니
오색영롱한 가야금 줄타기 악사의 절정새를 타고 논다
온몸을 짜릿 짜릿하게 감싸어 돈다
뇌리끝에서 가슴속 끝까질 마그마 용암물 끓 듯
뜨겁게 뜨겁게 불씨 타 올랐음을 일컬음이니

나, 길 지나던 한 나그네에게
붙잡고서 묻고를 싶구나
저기 갓 떠오른 일출의 자태 한 점 해 떠올림에 대하여
길이 길이 그 물음 대답으로써
영원을 이야기 할 성찰문을……

새해 해맞이

회색진 먼발치 산간벽촌 그늘녘으로 알른 알른
새해 해돋이 저 하늘궁전면 한가득하게
돋을볕 새 아침 해를 맞는다

그 여느 곳들 못잖음 하늘 비둘기빛 붉으레 취든 순간 순간들
고양된 큰 희망을 온가슴에 품어 안으며

낮 설익은 남해 삼천포구길 어둠의 다리를 뚫고서
항구도시 서슴잖게 새 날 새 하루를 일궈 보내면서
한려수도 해금강으로 길문을 활짝 연다

일월성신 한세상 눈부심으로 저장고 한가득이 쌓아 놓듯이

환한 빛 하늘전각을 무대로 일출의 바다를 이룬다

검은 섬 양 배경을 잡아서 세 척의 배
유유히 흘려 보내듯

뜨거운 심장속으로 여러 폭 자연도 병풍을 읽어 내린다

한 폭의 인생사 이해도를 담아낸다

봄꽃 그 세계로

춥디 춘 겨울 한나절이었던 중
눈부셔왔던 따사롭던 빛, 그 빛은
그건 내게 곧 기다림속 그리움 봄햇살이었어

숨통목조차 완전히 막혀서 있었던 지난날의 꿈

부활의 첫 기지개짓 활개를 폈음이 됐다

서해 갯벌바닥 스스럼 없이 시작된
갯지렁이, 갯낙지, 갯조개, 겟게들...
제 숨구멍 뚫고 고개짓만 옴지락들 활동력을 키우고

남쪽지방 아래를
산언덕 지름길 비켜 들어선 여지없는 야생화무리
들판위론 봄 빗줄기 맞춰 겨울봄동, 온갖 풀, 봄나물 등
시원스럽게 봄향취 멱을 감고 또 감고
침묵한 생명의 땅 물길따라 펌프질 하며

파란 산수 형태물 수묵담채화 밑바탕 칠을 해 놓는다

그 위로다간
제주도 푸른 앞바다 유채꽃밭 섬 가득하도록

샛노랗게 샛노랗게 유화(油畫) 점등혼을 붓 끝에 실어
한 점 한 점씩 기쁨 환열감에 젖어든 상태
창조주 섭렵된 힘 되받아 보내며
푹 찍어 활연토록 펴 올린다

이미 벌써 동백꽃 섬 한 고개길 너머서

온 세상 화훼 품격 피워내 꽃 향락객 발걸음들
불러 일으킴일 따름이다

계속된 꽃말형 꼭 꼭 손에 쥐우며

입춘(立春)

아! 세월은 벌써 양지택 바른 저 망루석 와 닿았음이랴!

설원 산정마루 꼭대기엔 오로지
초목군생조차 남의 먼 나라일이었건만
또 한 해 시작된 별 온 세상을 따사로히
비춰들여 섰음이니

숨죽여 들여가듯 했던 잿빛물 든 불씨들마저 이젠~

저 멀찌금 보헤미안 시공을 아우르는 봄햇살
오직이 목 메이듯 기다려왔을 그리움 항구에
난 오늘을 기억 숲 새겨 넣는다

미래에 담아낼 새 희망사연 8폭진 병풍
화풍 속으로 품어내 딛고서
설레임 옛 추억망 풋내기 사랑초
갓피워 올리면서

입춘(立春) 절기 두 글자에 심혈을 기울여
대문밖 입춘대길 건양다경 마음 다져 붙인다

아! 이젠 막 시작된 봄이련가!를 읊조려

물고기자리

춘하추동 계절의 문고릴 부여 잡고서
반 발꿈치씩 시간은 생동감에 앙가슴
한층 한층 부풀어 오른다
밤 나들이길 별자리들 동반 운행섭리를 따르며
춘삼월로 다다른 설레임 반 고대하던 물고기자리는
저 강의 정취들 생성의 꿈만으로 샛잎들
모두가 생성의 꿈만으로
온 세상 형상들 부풀어 올랐음이오니.....
이 어이를 기다림속 헛되다 말할 수 있으리오까!
아름다움의 여신 아프로디테와 사랑의 신 에로스
그 하 나로 연결짓는 마녀로부터 쫒겨났던, 도망친 모습
두 마리의 물고기 화석화 된 형상화 자태는
황당무개한 꿈에 흠뻑 빠져든 모습 되어 버렸음이요
설레임만으로 몽상속 홀딱 빠져들은
사랑의 여신으로 변신 돼
깊은 밤하늘 청량감이야 이루 형용할 바 없었음이었구료
내 그리움이여, 만인의 그리움 그 밀어속에선
저 모습들은 그저 사랑을 속삭이던 두 연인간의 모습으로
내 눈에 비춰들임일 뿐이였음이오니......
청색깔 띤 해왕성으로 함께 동반 몽환속을 깊숙이 바라 보면서
만인의 연인 된 물고기자리 제 삶의 자태행으로
알른 알른 춘분점 찍고 선

그저 밤하늘에 아름답게 수 놓여진
마녀로부터 도망쳐야만 했었던,
한 몸 된 화석 물고기의 자리와 청색깔 띤 완전한
이상세계 해왕성 자리로
아마도 그들은 해마다 년년히들 연민의 꿈
달콤한 사랑의 늪속으로 푹 빠져들 도취의 성 돼
있지를 않았음일까! 미루어 짐작해 본다
지금도, 앞으로도, 평생을...... 난

*인생 12진법 책을 보고서

봄의 해석

예상치 못할 내 님의 섭리 그림책장을 넘겨 짚습니다

환몽력 예리성을 훌쩍 뛰어 넘듯이
환안(還安)은 환성소리 산 메아리를 쳐
저 현실세계 내 심장박동소리 움 틈새를 적시우며

똑딱 똑딱 초침시계 새침성 싶이 울도록

목젖살소리 멀리 멀리까지끔 애섧음 연서의 울림창으로

마치 숙습난방 했었던 제 본성을 지녀서
올해도 작년처럼 또 미래를......
내리 내리 내리로

살랑 살랑이는 봄바람은 일 듯이
딸랑 딸랑여대는 소리 백구들의 새끼마냥
그저 빛그림자 촉박루서 속닥 속닥 외침성만 안개 져 우니
그 짧은 순간의 날 세월을......

해 지면 지는대로 널 내내 잊을 수가 없음이로니
해 뜨면 뜨는대로 넌 화랑도를 떠올릴지니
감긴 눈 어찌렴 꼭 꼭 맘속 눈까질 막아 섰으랴

푸른 초원의 집 잔디밭을 휘 휘 내달리는 말
야생마의 행진곡을 함께 멎도록 내내 뭇 끝 어디련갈
재차 되묻고 묻고만 설 뿐임을

웅포곰개나루 해넘이

붉으런 저녁마당 노을에
해 저문 올 일 년 창공속으로 한 해 하늘을 떠받쳐든다
하여 금빛 해산 물결들 지는 듯 헤어본다

한 해 동안을 하루 같이럼
추억화 필름 사진기속에 되돌리면서
천천히 천천히 시간을 멈추듯 정적속을 흐르며

여느 때와 다른 가창오리떼 일몰 장관속을 느끼며

삶의 뿌리 내린 터 잡힌 겨울 노송나무 그림자
이름 모를 한 정각루에서
마음의 쉼터 소개장을 만들더라

한결같은 감성 그림조차 영 영 그리질 못하면서 올 또한

한 겨울밤 장엄은커녕 냉렬하게 떠나 보내면서
지나온 시간들 무릇 심장을 되감아 돌리면서
점화된 촉각을 한참 무뎌서게 한다

웅포 고개나룻길 해넘이 강을 건너가듯이
내가 나의 인생길 고갯마루 건너가듯이
십년을 일 년, 한 생애럼 같이

나도개감채

연두빛 물 순결함 속에서
봄의 절정미 색채를 흠뻑 흠뻑 빼닮아선
널 봄의 백미 완결체라고서 명하리

차마 다칠랴 다가설 수조차 없는
두려움 돼 버린 걸 난 본능적으로나마
앎이 돼 버렸었지

앉으나 서나
누웠으나 일어났으나
자나 깨나 꿈속에서 조차를

넌 그야말로 아무런 빌미를 두지 않음이로구나

아무런 후회 미련도 아쉬움을 두지 않았음이로구나
생명의 순수 명칭 넌 가는 잎 두메무릇이라고
난 널 향해서 불러를 주련다

천연적 생성의 꽃 너희들이야말로
희망의 샘 솟구치는 마음의 정화수란 것을
내 가슴속에 소중케 새기련다

내 가슴 살아있는 그 날까질 쭈~욱

생명(生命), 넌 있는 그대로

생명력(生命力) 존재 널 밀쳐 내놓고
생명력(生命力) 존재 순종성을 멸시코 섰던 난
그 많은 시간들 깜깜 암흑 깨닫지 못하고 살았음이구나
순하게, 순수하게, 착하게 그 순리 그대로
거역함을 모르고 평화롭게 고요히 그칠 바 없이
하루를 살아 왔어야 했었던 나, 그 존재(存在)성
이 무지몽매 구제불능한 어리석은 자여
그래서 더더욱 나 무얼 뭘 어찌 살았단 말을 할꺼나!
그래서 나 진정 인간(人間) 아닌 뭔 삶이었다고를 할꺼나!
제 삶에 완벽 아니라도 감사할 줄 모르고
늘상 끊임없이 남 탓하며 원망하며 거역하듯 살았음이니
꼭두새벽길 고요함을 깨치는 대찬 휘파람을 불면서
드넓은 평야 휘몰고 섰는 댓바람 쏟아붓는 우박비처럼
받아라 소스라쳐 버려라
힘껏 소리 소리 쳐대기만 바쁨이었을 뿐이니......
어쩌리 어쩌하리 진땀 내 흘리면서까질 그침 없으니
멈출 줄 모르는 무대뽀 짐승형상이 이에 다를까!
절대자로부터 귀한 뜻 부여받은 인간형상 하고선
자연 속 작은 생명줄 하 나만도 못 미쳐 있었구나
참 푸르른 저 생명(生命) 너희들의 큰 가르침에 나
한동안을 고개 숙여 못 쳐 듬이라
제 한 목숨 살아 숨 쉴 수 있는 한

마지막 그 한 순간까질 순명(順命) 바치는
이 세상 너희들은 영원 순결한 숭고함의 삶이었으니......

아침이슬

새벽 밤하늘 쪽별 반짝 반짝 빛을 쏟아낸다

새벽은 도대체 무슨 자연섭리 계획하에
이리 밝은 푸른 빛 심금줄 영롱함을
튕기우는가!

그래서 그 사이를 내리는 새벽창 아침 이슬방울들
그리도 맑은 것인가!

순수(純粹) 결정체
자연만이 만들어낸 생명의 역작이여

세상 깜깜한 어둠속에서
아무런 빛 그림자 하 나 없는 곳에서
새 투명한 영롱함 이슬을 내리니

막 성스런 아침 종 온 누리로 서서히 울려 퍼진다

풀잎위로 살포시 입맞춤 한 결결이 찬 환희여

내 영혼 사랑의 무결점이여

그 짧은 시간을 허무로
아침 태양속으로 완전히 흡수 돼 버린다 할지라도
한 순간 순간 동안은......

청마의 해

새벽정기 받들은 여명 빛줄기 뜨겁게 찬란토록 태양은
만인의 운명을 떠받쳐 활 활 차올라 선다
그 위 바탕을 영원불변 태초를 버티고 선 하늘신
육십갑자 갑오년 운명선을 타고 난 청마의 해 횃불봉이여
영험줄 서린 산맥등성 일출의 봉우리 매 줄기 줄기선 마단
솟구쳐 떠올라선 온 세상 만인의 꿈 혈통줄
잇대어 밝히고 섰는 성화봉이어라 창쾌함의 길 트임이라
그건 벌써 폭발적 청춘의 힘찬 기
푸른 열정을 품고 섬이라네
광채를 띤 청광음 소리 환청을 울리듯 영원성을 지닌 듯
거칠 듯 앞질러선 벅찬 숨소리 주야를 함께 살아 꿈틀거린다
깜깜 절벽진 길 철창 암흑 성곽속 될지라도
초능력적인 힘을 가하여
거침없이 거칠 바 모르게 달리는 너,
초월적 자유의 신 청마(靑馬)는 청렴한 그 기상
푸른 빛깔 서광을 어김없이 내뿜는 휘달려듬이었다
하늘끝 그 어디란들 못 가 닿을 거쳐 있음이랴? 란 기세로서
땅끝 그 어느 장애란들 못 뛰어 넘으리오까? 란 자태로
이히히 힛 이히히 힛 힛 힛...... 우레 속 번갯불을 쳐 가며
*노마지지 기품성을 따르며 유연성을 잃지 않으며
노마지지의 뜻 또한 가슴 밑바탕에 울림이 되어서

상상속에 심궈져 더욱 신성스러운 동물이여
그 이름은 청마(靑馬) 현실속 존재치 않는 신비함의 대명사
위엄 존귀한 말 신령마
청마의 해는 쭉 쭉 혈기에 차 혈기로써
혼심 뻗어날 기세등등으로 간절한 소망속에 꿋꿋히 세운
제 인생 계획표를 고심 고심하면서
낯설음 그 어느 한 사막지대란들 길 잃고 헤매이진 않도록
도약진 발판대 영혼과 혼을 다 불태워단
서슴없이 서슴없게끔 그 강인함속 온순한 네 기상
결코 잊지 않도록 꿋꿋함을 지키며
묵묵히 묵묵히 성큼 성큼 한 걸음씩 앞을 걸어나간다
땅과 하늘 그리고 사람과 호흡하면서 소통길을 열면서
흙으로써 하 나 된 삶 빚어 만들면서

* 노마지지(老馬之智); 늙은 말의 지혜라는 뜻으로
아무리 하찮은 것에도 제 각기 장기, 장점이 있다는 말

장터 가는 길

새벽 이슬비를 맞으며 나 홀로 숨박꼭질 남몰래 길을 나선다

찬 새벽별 따라기 빛 그림자에
한 치앞 점술쟁이 되어서
먼저 길 떠난 묵객 소식창 전해 들으며

아! 오늘은 어째 또 행상 목자리 잡을 수나 있을까?

빠른 잰걸음에 놓아진 섶다리길 마저
앞질러서 들썩 들썩
혈맥상통 발걸음 걸이마달 설익은 묵은지 축 늘어져
제 갈 길만을 붙잡는 거 하며......

불현듯 어디서론가 섬광등 마냥 빛은 한 숨에 드리우고

아! 이것이 바로 우리들 희망의 복선 될 삶 번뜩임인가!

그렇게 우리네 뿌리박힌 삶의 향기는
짙어져만 가고......

그러함이 우리네 삶, 우리들의 인생 고행길
또한 이어지는 결테였다라 하니

장터 가는 길속에다간
예제나 지금이나 늘상껏으로
삶의 깊은 성찰념 한 가지 지니고서 있었음이 분명하니

작은 새(부제: 참새과 그 새 한 마리는)

제 깃털숱 조차 처량맞이 찢기워진
거짓꼴 각설이 타령조 움찔 움찔 기대선 품바 행색은
도대체 어찌된 무슨 사연담 영문막이었단 말이던가?
마른 흙 휘몰아침 속에라도 홀딱 뒤집어씀을......
산 언덕받이 한 모퉁이벽 제 한 몸 꽁꽁 묶임새 돼
지평선 참보리고개 추억길 아스라이 식어들던
막바지의 꿈이여
5월 모란빛 수렁 태양계 똬리 틀은 잡초뿌리향이여
꿋꿋함시리 보리누름 바람결에 견줘 서서
그저코 겸양된 맘 웅숭 깊이 땅 흙에서 이 몸 태어났듯
자타공인 흙내음 불귀로 되돌아가듯
그예 훌쩍시 이승 떠나련다란 뜻 침묵하면서
알토란만 같았던 옛 시절 청사진을 두고서
네 어딜 기행 해 떠나련가!
더운 손끝막으로 건네 받았던 철면피 핵 피 끓던
뜨거운 혈맥상통 연민의 정서 키워서고만 있었거늘
너와 나 우리 뭇 광년 해후의 시간
그만은 남겨놔 놓아야 하지를 않겠냐!를
재각인코져 재도전 시도의 울타리막 징을 치면서
기억치 못할 널 아마도 난 먼 훗날
일지춘몽 조우의 상상화 스크래치 해 나갈습지니
온 끈끈한 맘 평상화 돼 절룩진 발 지팡이질 진들

너의 삶은 온새미로 초하의 만화방창한 도반 심기를……
이내로 일렁이는 눈물은 속으로
생명의 소고를 다시 한 번 마음에 삭힌다

시인은 진정 누구인가!

나는 진정 누구였던가!
시인은 진정 누구란 말인가! 무엇이었던가!
그저 한 숨만 뒤범벅 엎치락 뒤치락을 수 십 번
갈 길 먼 시인의 댓잎소리만이 바람결 서성여대는구나
발길 머무는 곳 기억조차 허락 않는 듯
여기서 저기로 저기서 여기로
그 어디론들 못 닿을 이유 있겠느냐란 듯이 가는 길
그것이 바로 시인이 가는 길이었다란 마냥
아! 그렇겠구나 진정 시인이라면……
외떨어져 홀로이 우뚝 선 무인도 섬 자라난 소나무처럼
서러움을 뿌리 박고 박아선 곳 바다 한 가운데설 말이다
그 어떤 회오리 침 태풍 몰아침을 다 겪으면서도
생각해 보니 그 가는 길 외롭고 외롭고 또 험난하도다
그런데 어찌 그 가는 길 쉽다고 할만 타구
감히 이야기 할 수만이 있겠느냐!
그게 바로 시의 길, 시인이 가야 할 엄밀한 자세 속
앞으로만 한참을 걷고 또 걸어가야 할 길이란 걸 말이다
그래, 그렇게 나 이대롤 앞을 향해 나가는 것이다
좌, 우 헛되이 바라보지 않고 신경 쓰지 않고서
앞으로 앞으로 앞으롤……
세상속에서 쓸데 없는데 정신 팔리지 않고서
그 끝, 결과에만 매달리지 않고서

자연 순환에 내 한 몸 맡기면서 세월 흘러가는 그대로
쭉 ~ 쭉 ~ 그 자체 그대로를
온새미로

2장:
들꽃이여 활짝 펴주오

꽃

어쩌면 넌 억 겁을 견디며
한 결, 한 마음에 네 필 장소를 묻지 않음이로다

어쩌면 넌 억 만년 견뎌내며
한 결, 한 마음에 네 필 때를 또한 앞 뒤
가림 없음이로다

어쩌면 넌 억조창생 때부터
한 밭 가슴에 네 묻힐 시기 계절 따위
이미 네 품안에 끌어 안았음이로다

그런데 내 어찌 널 내 삶터 동반자 아니 된들
내 삶바라기 영원을 함께 할 벗
되지를 아니 하겠는가!

너와 영혼을 한 결 같은 한 마음 함께 품으며

내리 내리 한 세월 한 길을 함께 겪으며

세월호 대참사 사건

우르르 우르르르 쾅 쾅이여 솨아 ~
모든이 가슴속을 파헤칩었던 그 길고도 긴 수 많았던 날들
온 나라가 온통 가슴 쳐 침통의 울분만을 토했었던
통탄의 날들이여 어쩌리 어쩌리 어쩌리 하늘이시여
소중한 생명줄들이여라 제발 도와 주소서
어쩜 그 고귀한 어린 생명줄들을
외면타 할 수 있었음이란 말인가!
우리들 같은 저 인간으로서 할 말을 잊었음이로다
그 순간 순간들 뒤돌아 볼 염치조차 없음이로소다
그 어떤 형벌을 엘 빗댈 수나 조차 있었음이란 말인가!
그들은 이미 예전 예전날 인간이길
내팽개치고 도망쳤던 놈들인 걸
저 하늘조차 올려다 쳐다봄이란 그들에게는
감히 무엄타 뇌성벽력 침 벌 받는 격이 되리이니......
그 어느 한 생명인들 방치해 둠 가능하랸 말인가!
이 세상 단 한 번 뿐인 잊지 못할 그
한 생명 생명들을 감히 어찌 그 어찌......
이제서와 외쳐본들 또다신 되돌릴 수 없는
인생 갈림길의 길이라니......
내 그들에게로 그 무슨 말인들 위로의 말 전함이 되리이까?
2014년 4월 16일 그 끔찍스러운 세월호 대참사 그 사건은

봄 수학여행길 설레임만으로 가득 찼었을
이 계절 풋풋함 단원고 학생들을 어쩌하오리이까!
내 가슴은 요동 쳐 태풍 회오리침 그저 그칠 바
갈필을 잡지 못하겠음인데 그 어찔......
하느님이시여 하느님이시여 받아 주소서
아무 잘못 하 나 없는 제 목숨줄
왜 내어 놓아야만 했었단 말인가요?
그 모든 학생들 그리고 얼떨결 이유 없이
이 세상 떠나갔었던 그 많은 사람들
또 그들 모둘 위해 살고자 했었던 여러 의인들
모두 모두를 주님 그곳에서 푸근히 감싸 안아 주소서
그들에게로 평화의 은총 빛을, 빛을 가득 비춰 주소서
그저 제발 제발 다시는 안일한 그 안일한 정책
사람들의 정신상태 무방비한 사건이 일어날 수 없도록
이 나라 한 사람으로서 간곡히 간곡히 간곡히
부탁 드립니다
저 또한 이를 철두철미 염두 해 가며 살아가렵니다
하늘이시여 제발 하늘이시여

야생화

하늘이 내려주신 신비로운 축복의 꽃
땅의 선물인지라

온 누리 대자연 향원으로 속속들 내려와 앉은
무한본능적 끈질긴 뿌리여 인내의 삶
가히 본받을 존경심의 땅
어이 따라갈 수나 있으리오까!

한 송이 송이마다의 뜻 고이 받아 누릴지니라

그래서 더욱 감사함일 뿐인지라

그래서 더더욱 하늘의 은총 이 땅윌 빛낼지니라

가히 형형색색 뽐낼 수 조차 없음이로니
그 자태 형영은커녕
아예 따를 수가 없음이로소이다

내 영혼을 그에게
순천(順天)명 해 바치고져 함이다

그 형상 그대로

그 자태의 향 고이 고이
태양의 열정과 야생적 미 두루 두루 갖추워설
영원히 함께 넌……

금낭화

봄볕 들러리차 나들이길 나선다
하루, 이틀, 사흘...... 세상사 연초록색 내비치며
가슴안 붉은 돗자리 꽃자릴부터 곱게 새깔아놓고

올해로써 금낭화 널 세월을 손꼽아서 헤인다

순정파 사랑앓이 조붓한 전령사였음을 생각속에 가두며
적요한 시간 밀짚말이 멍석을 집 정원밖 깔아 놓고서
시나브로 귓전을 때리는
그날 말 한 마디를 맘속 새김질 해 들으며

어떠한 향기도 없는 무향무취 물색을 띠고

그저 난 당신을 따르겠습니다 라고 한
수굿이 인사를 하고 있는 그 모습 얼핏이 본 나는

부지불식간 갈무리 된 널 그리며 잠잠히

기다림 보탬 몫이 돼 나날을

홍대게 잡이

희뿌옇게 안개를 걷혀서 창창대해 짙푸름 바다길로
후포리 후포항선 홍대게 잡으러 뱃 몰아 나선다

설레참 작은 소망 하 나를 가슴에 한가득 품고서

냉엄찬 바닷 바람 헤쳐서
아침 해돋이 하루 상선의 꿈빛이
저녁녘 어둠의 그림자 막장 망망대해 길만을 남기고도
뜨거운 그 수확량에 어부의 맘 이 계절 두어 달
이 순간 순간을 잊지 못함이다

새빨갛기만 한 홍대게여
네 형상, 바닷속의 대조적 색깔 천혜의 화형 모습이로구나
그 자탠들 누가 어찌 따져볼 수 있을까?
너 그 자체 그대로인 형상일 뿐을

현실속 혼신의 힘 다함이 바로
여기 이 짜릿함에서 있었음이었구료

그 짜릿함 맛을 뉘가 또 알 수 있었음이리이까?

대게잡이 어부의 삶 아닌담에야 어찐들...... 또

해오라비 난초 시야로

널 따라서 서스럼 없이 예까지 찾아왔노라
지난 과거의 청사진일랑 망연토록 모두 접어둔 채로 나달이
천의무봉 백의의 심혼 청사들 물기욕에 차올라
누리달 명징한 벗 만남을 좇아서
고조곤히 도반에 든 학 깃털들 모양새 활짝 펴 들었다
저기 막연한 곳 하늘조차 파아란 이상세계를
망망대해 청정할 시퍼런 피안(彼岸)을 향해서
바짝 제 기개를 갖춰서
완전무결 하얀 제 날갯잎 쫘-악 기지개 펼쳐섬과 같이럼
어찌렴 네 그 호기롬을 따라서
교교한 향유를 꼭 끌어 안았을까!
한동안을 넋에, 사념에 푹 빠져 들어서는 말이지
오롯한 심지속 먼 호반지기까지를 묵객 동반자를 삼으며
담봇짐 하 나 어깨에 짊어지고 무소유를 몸에 습득 했으니
염결한 그 마음속 고샅길아래 시냇물소리만
온새미로 쟁명해 우니
나 더 이상 그 무엇을 바라랴!
이 행복한 가슴 이내 들뜬 설레임만으로 온통
호숫가위로 뜬 투명한 윤슬 눈부처를 심을 뿐이오니
어쩌랴! 어쩌랴! 나 어쩌랴! 이 찌릿 찌릿한 마음
초하 만화방창한 빛물결 뒤로 온 세상은

투명한 거울창 뿐이오니
한여름 호반의 풍광속에 하얀 물새가
잔물결 파문을 일으키니
너로하여 세상 또한 삶 또한 새로 아름다우니
오히려 너로하여 나 또한 더 무엇을 욕심 내랴!
우리 모두 삶으로써 징검다리 아름다운 물길을 건너자꾸나
천상의 학 흰 두루미 물위를 차고 올라
날갯짓 펴 들면서

나의 갤러리

스마트폰 액자의 창 열어 제치니
그 속엔 녹록해듬 초록 빛깔진 산맥등성 타고서
잿빛깔 띤 분화구 공룡새 화석들로
곳 곳 무더기 각인 시켜놨음을 일러 말해 둠이었다

푸드덕 대 활개 침 하늘궁전 옥황상제 앞으로
힘차게 힘차게 날개 돋쳐오름성 싶음을
알려라도 주련 듯이

촉촉이 젖신 꼭두새벽길 이슬방울처럼
짤막 짤막한 추억담 그 한 흐름을
엮어 담음으로 말미암음이련 듯

온 세상 저 생명의 꽃들이여
활짝 활짝 피어나거라

넌 화려한 수려키 그지없음 환몽색 띤 여정지
온전한 저 바다를 가로 지른 항해선을 따르며
미래 지향적 사랑스럽기 끝이 없는
짝을 이루워다 놓음이 되니

한 컷 두 컷 올 또한 개인 화랑방 앨범작품 속으로

한량인 듯 세월을 유람해 휘돌고 돌면서
한 새벽 숲정이 오솔밭 양 돌무덤 길 찾아 나선다
낯설은 어느 한 방랑자 객이 된 나
필히 몸 바쳐 물아일체 무아지경 자청 해 즐기며
저 높은 창공아래 일출봉우리 깊숙한 숨 들여 마시며

아! 지나온 그 모든 시간들이여 세월이여
나만의 갤러리속 이야말로
너는 나의 활화산 헌화갈 바친 환희성 예찬론집
넌 내게로의 뿌리 박힘 헌정물
그 아니던가!

성령 강림 대축일을 기념하며

거룩함 우러듬 십자가 못 박히심 예수님상이여
오늘따라 제대 앞 양 편 받들어진 연자색 제대초
유난히도 신부님 빨간 제대복 차림이
인간의 선혈속 횃불 봉우리를 활 활 불 태워올림이로구나
성모상 웅비차 비상하는 한 마리 흰 비둘기 평화세계는
성지(聖地) 하늘 궁전의 상징이로다
그저 애닳아 보이실 만인을 향해 뻗쳐 흐르는
*금오옥토 빛살들
열렬한 은총의 빛 성령으로서 가득 내리 쬐 부어주신다
예수님 십자가 죽으심으로부터 부활하심이라 부활절
부활절로부터 주님 그예는 하늘 승천하심으로까질
50일 후 오순절(五巡節) 된 바로 이 날을
뇌리 깊숙이 묵시로 되짚어 곱씹는다
성령(聖靈)칠은 일곱가지 은사를
겸허의 맘 묵시행로 올올히 새겨 놓고서
겸공 되이 되받아 섬김질 해 놓습니다
'성령을 받아라 너희가 누구의 죄든지 용서해 주면
그가 용서를 받을 것이고 그대로 두면
그대로 남아 있을 것이다' 라고
예수님 만인에게로 선포 말씀하셨던 그대로
성령 함께 하심은 내 또한 영원한 큰 힘 되리이니

뜨거움, 성령의 불꽃이여 영혼의 기쁜 손님 가장 좋은 위로자
성령은 하느님의 현존하심이니
삼라만상 천지창조하신 분이시여
어둠의 길 등대지기 돼 주시고 등불 밝혀 주시어
행복의 빛, 구원의 문, 참 된 평화의 길
모두 모두에게로 활-짝 열어 주시옵소서
영원 무궁 복락을 주시옵소서
저희안에 사랑의 불 붉게 붉게 타오르게 하옵심이여

*금오옥토(金烏玉兎): 해와 달

잡초 1

그 몹쓸 땅 흙먼지라도
네 어미의 품이 될 뿐이었소니

그 가치의
유, 무를 따지지 않고서
쑥 쑥 커져만 주었던 잡초들의 인생은

두 팔 한아름
어떤 틈새든 흙을 딛고서라면
그 무언들 가꿔내지 않음이
있으리요까?

그 모든 것 다 제 삶의 터전이 될 뿐인즉

쇠비름, 명아주, 점도나도물, 달개비, 보리뺑이,
여뀌, 강아지풀, 자귀풀, 올방개, 중대가리풀,
토끼풀, 물옥잠, 가막사리, 별꽃아재비, 애기똥풀...
그 수가 무한대니
물레방앗간 둘레마다
하룻새 또 무슨 생명체 깨어남은 아닐까!

상상의 꿈 하루, 이틀 그저 꿔 봄직함 서리니

잡초 2

온통 녹록한 시각들 뿐
한여름 푸르름 밭 잡풀들 사이로
느닷없는 검은 까치 한 발 두 발 걸음을 내딛는다
아무런 의심 없는 평화를 찾아서
아무런 세상 비교 없는 평온을 온전히 되밟으며
그것이 바로 마음속 무전상태
오롯이 품은 행복의 나라 아니었을까?
이렇게 아무 쓸모 없다 무시만 해 왔던 잡풀들
그것이 아니었다
푸르름만으로 가장 큰 기쁨을 주고 있었다라는 걸
우리 인간은 왜 까맣게도 몰랐었던 것일까!
더러운 인간이었었다
세상 모든 의심, 비교, 무시, 천대란 천대는 다
맘속, 가슴속 머금고들 있었으니까
인간이기에 인간이란 이름을 달고서 말이다
절망타 나 세상의 한 인간으로서
나 또한 그러했으니......
잡풀들 조차 온세상의 가장 큰 깨끗한 맘을 지녔거늘
하물며 나 왜 그러하질 못했는가!
새삼 스쳐선 검은 까치 한 마리
큰 깨달음 하 나를 일깨워다 주고서 가는구나
슬프다, 절망타, 아프다

내가 ~
인간이 ~

산란은

우리 은하계 겨우내 세찬 칼금선 바람결속 식어 들더니
천문학상 태양계 행성들 뜨겁게 땅 지혈을 높인다
마그마 화산 용출 화강암석질을 높여선
초하 아침이슬 부지불식간에 무시로
선결심 혼만 남겨둔 채로
은하수속으로 절개를 품은 논개성 이루고야 만다
청목향이라도 청복을 꽉 끌어 안고서
묏골 더운 공기로 아리땁는 그 자태향 뿌리
그저 보고파서 또 그립구나
석죽색(石竹色) 함초롬히 앙칼져 우는 여우 살냄새를 띠고
총상화서 교자성 부리며 내내 여우짐스럽게
호면을 쫙 깔리우는 아리땁기 그지 없음
분홍빛깔 눈부처 윤슬형이 돼
아리땁기보단 사랑스럽기보단 요염스럽다 난 말하련다
확 잡아끌어 안을 수 조차 없는 너
정수리 해 돋을볕 어찌를 일월성신
한꺼번 다 가질 수 있으랴!
내 심박동 지리멸렬 해 하소연 할 곳 조차
나침반 울 방향 근초점이 잡히질 않는다
광휘 기욕에 찬 꽃차례 한 방랑객을 맞고선 길
소요할 뿐이......
네 요염한 샛별 같은 갈망의 눈 뉘 또 알아채리이까!

화창한 날 백화난만한 오롯함 산기운을 지닌 너
화무십일홍도 못 한달 지라도 난 그때만을 기억 해 두리
만화방창한 네 절정기 그 한 때를 가슴 혼 불 질러서
아님 난 내가 싫어질 테니까

개개비(부제 : 너 누굴 향하여 그리 울부짖누나)

초하 파노라마 영상화를 지키며 돌려막 짓는다

산천경개 녹록한 풍광 속으로
넌넌히 네 초로진 나이테 그 리듬줄을
이 계절사 기억하고 있었다

생명의 소리샘 눈부처 빛그림자를 오롯이 숨 받아 마시며

누군지도 모를 당신 될 그를 향한
연자색 심혼 불사조 형상화를 그리며
청신함 사랑노래 내리 울부져 들인다

투루룩 투루룩 쩍 투루룩 쩍 쩍 투루룩 쩍 쩍 쩍......

연꽃봉오리 홀로 우뚝 밟고선
아리땁누니 휘파람새
목청성 높여 벽계수 흘러서 리듬 율격수를 맞추듯
그예는 청정무지 뇌성들 일깨워 들인다

풀숲 사이로 가뭇없는 짚풀둥지 하 나 몰래 틀어놓고서

아! 도대체 넌 새빨간 너의 입속 쫙 벌려선

그 누굴 그리도 절실히 불러서고 있었다는 말인가!

내 맘 이리 애절케......

넌 도대체......

산성촌락 후량을 어깨에 걸머쥐고
이 마음 또한 짚시여인 돼
그곳을 찾아 나, 길 떠나 볼꺼나!

천하산천 누리달 싱그럽고 아름다운 풀피리송 이 길을

성모의 밤

5월의 밤하늘 수 놓인 별빛들 달빛의 성역아
저 하늘나라 천사들 성모 마리아상 월계관
붉은 성좌앞 모여 들어서
이 밤을 축원해 드리는 바입니다 천상 영광 영예로우심이여
저희들의 예형 삶의 모범 사랑의 품이시여
오늘날의 기다림 기꺼이 미사참례 예물을
흠격(歆格)에 겨워 온마음으로 바쳐 올립니다
고결의 맥(脈) 백합의 향유를 환희성 가슴속으로 짓노렵니다
또한 바다의 별이신 성모님이시여
성총을 고히 고히 가슴속에다 깊히 새김해 둡니다
태양을 입고 발밑에 둔 열 두 개 별관을 쓰신 여인이여
하느님의 말씀이 다 이루어지리라 믿으신 분이시여
아무런 흠 하 나 없으신 동정의 몸이시여
당신 한 몸 온전히 다 바치신 순명(順命) 하신 분이시여
우리들의 평화 모후이시랍니다
하늘의 삼관 여왕 되시었도다
예수님 마리아께 천상 모후의 관 씌우셨음이로다
당신의 머리위로 축향유 올린 장미화관, 월계관
받쳐 얹어 올려드립니다
저희들 미천한 몸 정성 다한 축원초 한 개 한 개 모아서
당신께로 화려한 촛불 밝혀 올립니다
당신의 영혼 앞으로 겸공(謙恭)지례(知禮)바치렵니다

세속의 깊은 묵은 때 속꺼풀 다 벗겨지게 해 주옵소서
소망 비석문 뇌리(腦裏)속에다
한 삽 한 삽 고해소를 짓노렵니다

내 사랑 당신께로 바칩니다

활 활 불타오르는 횃불 든 열망의 힘 수렴해
나 그대를 두 팔 벌려서 온 힘껏 끌어 안습니다
오직 당신만을 염원속 메아리 쳐 울리며

내 영혼 다 불태워서 뜨겁게 뜨겁게 뜨겁게

영원불변 끓어올라선 용암 분출 내 화형의 불이여
천혜(天惠)자연, 그 자체 너만을
뜨겁도록 사랑 합니다

사랑이여 사랑이여 사랑이여
영성의 맘 바위틈 흐름 타고선 자유의 신
영원할 내 사랑 혼신의 불
그대여라

너와 나 우리 서로를 함께 불꽃 튀어 오르도록
내 사랑 그대, 당신 심장속을 겨냥해
이 가슴 다 닳도록 그대께로 사랑을 바치렵니다

내 사랑의 파라다이스 내 님, 당신께로

3장:
자연은 아름다움이어라

각시원추리

하늘의 기운을 감사히 받아들이며
산자수명의 땅앞으로 터줏대감 침정의 터 집을 삼은 채
고담스럽게 구비 구비 쌓아둔 제 어록담을 엮으며
가슴속으로다 발가히도 품어놔 둡니다

노랗게끔 낯색으로 서려 활짝 활짝 피어둡니다

아리딴 활개의 깃 자태를 곧게 펼치듯
여인 된 차분스런 고아함의 품새로서 하 나 돼
자신의 향수에 젖으며

두리번뜩 거리며 활 시위줄로 팽팽한 당김새를 띠며

산 메아리 율시에 맞춰서 시를 한 수 읊어나 봅니다

너의 그 꼿꼿한 맘 행보에
행여나 긴장감아 늦춰질랴
정신 바짝 차려 세우는 몸 행색들 봄직함을 그리며

언제든 어느 뉘가 보더라도
영락없는 새색시 자태라고 할 듯 만이 싶으니

그 이름 입에서 입으로써 전해진
각씨 넘나물, 소훤초써로도 전구된 양
세상 사람들 속 만남의 기쁨으로 울림을 전해주는구나

뜸부기

우리나라 대표적 농촌 향수 친근한 새
쇠물닭 뜸북 뜸북 뜸부기는
목청껏 외쳐 울부 짖는다

새아침 햇귀 이슬비마저
농익은 고향의 향수 설움처 시나위 가락으로
초립동이들 이내 줄행랑질 당파싸움 그칠 줄 모르고
땡볕으로 새참 나들이행 발홍 돋움길
점심때를 부른다

세월 섧음은 그저 무감각됨 속으로 흐를 뿐이였던가!

뜸북새의 소리 한결스럽게 적벽가 소리로
경운기 트럭몰이, 소몰이들 다함께 울 향취 삶이었단
알림 초막집 지음터가 된다

우리네 기쁨과 슬픔 사랑의 홍 동행길 벗 삼으면서

여전히 등계(鸐鷄)소리 넌
우리들 삶 귀엣말 영혼불멸 할 울먹여짖음이 돼

뻐꾹 뻐꾹 뻐꾸기가

숲에서 제 소리를 형언 해 울부짖을 때
뜸북 뜸북 뜸북새 알락 뜸부기 역시
논두렁에서 우리 삶 얘기를 귀동냥 해 서면서

우리 향토잠 생활 삶마당을 꿰뚫며 휘돌면서

산-난초(부제: 각시붓꽃에 대하여)

낙하산 비행기류는 하늘로 우러러든다
은하늘 빛깔 창공상으로
생명의 달 솔빛향 휘파람소리를 맞으며
산하기류선 광휘 땡볕막으로 맞닦뜨려진 폭포수 계곡서
해 찰수록 이 계절 입하 절기 신기루는 담금질에 들어간다
어디선가로부터 직접 내리 전수해 받은
절명의 한 화폭 속 휘호에 찬 보랏빛 울창주 꽃다발을 만들어
모조리 꺾어다 이 가슴속 옮겨다 심어 놓는다
켜켜히 책갈피 속 이미 다 빛바래 버린 제비꽃을 더불어
그리고 또 함께 묻어 두었던 내 마음 산란꽃으로
내 가슴, 심금줄로 어림 새겨놔 두었던 모양새를......
그 아마도 이것이 신랑, 각시방 행보 길은 아니었을까!
하늘랑 거린 호기로운 자태들 이루 형용할 바 없음이로니
그 줄기 맵씨 꼿꼿함 사려 깊음은 산의 품격 그대로 온새미로
아! 그립도다 그립도다 신성스럽기까질
그대 지닌 산세 형상미로
날이 날이 침범치 못할 성역(聖域)이로구나
타향살이 오래 묵은 그대 향수를 간직한 한결 같이럼
마치 넌 오랜 듯 막 붓 터치한 깊은 뜻
보라색 웅숭 깊은 자태라
언제라도 그 이름에 먼저 앞에서 난
네 자태를 길이 길이 기억해 둘 것이리오
내 심장이 널 새김질 해

상록수

사시사철 푸르름 존엄함이여 넌
늠름한 굳센 기상 위엄차 오른 성상을 지녔음이로구나

사시사철 항용 푸르름 우직함이여
은근한 솔빛무늬향 홀로 서서 늘 함묵할 뿐이로구나

올곧은 길 훈계 속
첫 마주 잡은 손길의 정 이내 뿌리칠 수가 없게
가시 돋친 험난한 길 조차도

삶으로서 뿌리 내린 이내 몸 뼈를 묻으리라 하리오
꿋꿋히 묵시양구 해 딛고 일어설 때까질

소나무 한 생애의 길
한 생애 삶과 죽음 천지간 그 자연 섭리 따라서

산조대금처럼 시나위젓대처럼은
풍류도를 읊조리 듯 꿰뚫어 되밟아서 가도록
인간 한 생애 상록수 향사인 양

왕원추리

음왓이여!!! 이것은 곧 환생의 순간이렸다
그 모든 것 꿈인가! 생시인가!
에덴의 숲 낙원 축복령 내게로 오버랩 돼 버렸음이로다
묻고 묻고 물어서 찾아온 구곡골막터 귀한 손
객빈위주 황송함 그지없는 찰라 빛 꿈 사냥터 되었음이니
황천규객 깊고 깊은 골짝길 타고서 오른
샘물 속으로 넌 수정체 물그네를 힘차게 노 젓고를 섰으니
가자 가자 가자 힘껏 발 내딛자꾸나
그야말로 향유 산책길에서 만난 넌
야자수 코코넛 향 자유 만끽함을 심어준 마음의 치유섬
완전 점령한 듯만 싶으오니
이 모든 바 그저 환상의 무한지대 이상향의 나라가
예 있음 그 아니련가!
제 입술 밖으로 활짝 황금빛 바이털리즘 줄줄이 내뱉음이오니
지구의 향방을 찾아 나설 미지의 숲자락 낙원의 꽃
그 또 있을까?만은...... 그저 이 한 순간만이라도
내 시야 속 화살촉 맞아버린 저 열정의 꽃 왕원추리꽃들이여
이글 이글거리는 태양열 불타버리는 열망의 참꽃이라
이대로 꿈인들 그 누구, 뉘를 탓할 이유는 되렸아올까!
내 마음이 키워낸 내 꿈과 현실과의 괴리 속
모든 것 다 부질없는 저 하늘 뜬 구름만 같구나
영(靈)의 힘 정녕코져 위엄 있는 소박함이었어라

묵혀온 그 긴 세월 기다림 속에서 만난 넌
성령(聖靈)의 꽃이오니
나, 정성 모아 순정의 꽃 이대롤
그대께 고이 바쳐 드리렵니다

불새

이글 이글 불타는 태양계
온 인류 천하행적한 생애 뭇까질 강력히 지배한다

영원을 스스로 불태운 불사조
하늘을 솟구쳐 올라섬의 본질을 태생으로
정열과 용솟음으로 타고 올라

영구히 제 영혼을 다 태워서 우주망 저 끝까질……

참담함 다 할 그 한계를 넘어서

글로리오사 혁명의 불씨 투우사 형상을 무섭게 지녀
혁명투혼의 진수 시뻘겋게 달아 올라선
격정적 리듬혼 현란한 색깔에 잠겨 버린다

사연막 모를 그 이름, 호반새를 뿌리 친다

넌 또 다른 자태로써 활연한 몸형새 뿜어냄이로구나
황홀함 온몸으로, 춤으로 태워올림이로다

아! 잊지 못할 네 이름이여 불새야
불새야 불새야 불새였음이로니

그 전설의 내막문 기이함일 뿐이라오

물망초

한 봄날 은밀함 물레방아질 꼭 꼭 숨어라
숨박꼭질한 파란 빛깔 물망초야
새벽녘으로 네 잔영을 흐릿케 분산시켜 놓았구나
객지인 스쳐간 눈길 인연은커녕
만인의 익숙타한 낯익음만 형형토록이......

세월속에 묻혀서 삶 자체를 수수함 전해다 줄 뿐이다
자취조차 숨 죽은 듯 님 찾으럴 떠나서

황당무개 온갖 설움통 쓰라립는 제 가슴 뿐
애절타함 심궈다 준 사랑의 돌 못자국 뭍돌 성좌야
온 기력 다 잃고서 등 돌려야 했던
슬픈 전설화 파란에 마지않음 속사연이라

이룰 수 없었던 한없이 절절한 한줌막 꽃다발이여
슬픈 연인간에 가슴 미어듬 마지막 사랑의 말 한 마디
'제발 나를 잊지 말아요'

하늘 이슬 빗방울 떨구어 내리도록
온힘 다 잃고서 간절히 맴 맴
돌고 돌고 또 돌고......

연 맺지 못해 한 서린 역력한
님 그리움 피 멍 든 메아리 침 울림소린
한 평생토록을 내 님하 한 몸 되어

해국(海菊)

산천지 딛고 선 꽃 산국여
들판 곳곳마다 하얗게 피어난 꽃 들국화여
바닷가 해풍맞이 인고의 삶 살아온 해국이여라
거칠은 암석석유 오롯 선 해류도원으로
폭풍후의 고요를 부르는도다
유장한 저 푸른 바다 장변리 청풍소리로 함께
아마도 검은 암반 바위섬 여기가 제 본고향인 듯만 싶으오니
세월속 질풍 함구무언 길이 길이 근근히
겨울빛깔 수정체 눈동자를 떠받침 되니......
하루 이틀 나날이 돌틈 언덕받이 무향색에 취해서
황망스런 삶의 짐 무게를
세월의 섬 회오리끝 내팽겨둬 놓고선
어찌해 제 흐름을 찾아낼 수 있으리오까나!
연보라색 붉은 수많은 꽃 혈흔적인 문구취
연모(戀慕)한 피 맺혀든 외침성 그 절규를
어찌렴 새겨 읽어 내려갈 수 있으렴일까!
그저 창망히 오래 오래 지켜 바라다 볼 뿐인 바다
냉철함이여
태초벽 은근한 불 밝혀온 온끈기 민족정기 받아서
난 강인함의 쉼표란 등대지기 꽃이라고
거침없이 외쳐 불러 보리라
그대, 뿌리 깊은 기다림의 꽃이다 라고를

철철히 끝도 없이 흘러설 저 바다
영혼 기다림을 품으며

몽돌해수욕장

좌르르르르 륵 좌르르르르 륵 철석 ~
좌르르르르 륵 좌르르르르 륵 철석 ~
반짝 반짝 윤기를 넘도는 새까만 돌
저 파도 침 소리에 흑진주빛 몽돌들이여
하늘은 바다로의 동행길에 머무른다

새벽길로부터의 떠오름 몽돌밭 낀 해돋이 장관진 모습은
저 투명키 그지없음 사파이어 빛깔 바닷물
커다란 흑진주들 몽돌밭을 앞에서
쏴 아 ~ 순간을 흰 파도물결 몰아쳐 들인다

너로 함께 한 마리 학 창공을 너머선 하늘로의
비상을 꿈꿔왔던 자태로써 말을 건네며
이것이 곧 신선대를 오른 일출봉 교향시였음이랄까?
난 그때 그 바다 계획되지 않았던 파란의 비취색깔
환희 찬 송가를 기억한다

그 누군가를 향해서 긴 기다림끝 들려주려 했었던
만반에 준비 돼 있었던 잔잔한 클래식조 연주곡
그로 함께 관현악 오케스트라단
영혼 환상곡을 연주함을 말이다

그 울림 그 선율 뉘 감히 좇을 수 있겠으리오까?

저 어귀쯤 바람의 언덕 만인의 평화스러운 맘사위
풍차집을 터 잡아 놓았음이리니
풍차를 아름막이 바람결 돌리고 있었음일테니...
내 어찌 이 사모치 환몽에 연가송 부르지
아니 할 수 있으리오까?

이 곳을 영원히 헤어날 수 없게 그 모든 것 그저
언젠듯 모르게 영원을 쉼없이 꿈속의 길인 듯만 싶어라
내 영혼의 순수처 고향인 듯만 싶어라

저 기 수평선 위험의 도사림 길 밝혀주는 지키고 섰는
서이말 등대지기로써 함께 서

나의 기쁨, 나의 행복, 나의 이상세계를

인생은 쉼터 자릴 필요로 했었을 뿐야

계획됨 섭리 세월의 섬 흐름을 좇아서
하늘 실바람 따라 서둘러 그예는 자유로운 참 평화의 길
찾아서 길을 향해 떠나섬이라

세월은 온새미로 훌쩍
강산을 한 바퀴를 반이나 바뀌고서......

햇귀도 시야 속에서 배회하던 호랑무늬 나무결 마다
몇 백리향 제 의지를 잃고서 솔곳이
일월성신 업혀온 듯한 그 수 많았던 시간들에
허망타! 말을 잇지 못한다

저 산소공기 숨 쉬어온 제3의 관심대상인
아무런 납득성 너울 소용돌이 몰아쳐 온들
게 무슨 상관관계가 되리
억지론 등심(燈心)화 올리려만 힘 써온 나
온전히 원심의 심줄 팽팽히 밀고 당기길
죽도록 끙 끙 끙......

화무 십일홍에서 참 삶, 인생의 뜻을
후미진 산골짝 후량(餱糧)을 괴나리봇짐 어깨에 걸머져
어디를 향해 걸어서 갔던 것일까!

쉼표란 녹림방초 자리 터 쉼표만을 잡아 놓아야 했음을

허 허 참... 하늘의 말씀만을 환청으로 메아리 친다

인생은 변화무쌍한 항용 하 나 일 수 만은 없는 법
조화로운 악장 속 화음의 염결미 돼야만 할 그것
안정된 기적같은 연리지 화음 섭리에
한 편의 시 서로의 조응(照應) 새 평화세계 읊조림이여니
그 누리달 굽이 굽이 감응에 책갈피라도
꼽아 두었어야 함이었어라

성산일출봉

공즉지색 은하계 핵 행성무리를 빙 둘러 싸여선
성대무리한 별천지 축령(祝齡)의 성
여여히 백그라운드 어둠속을
허공중에 불빛망 돼 떠돔이라

천하유일한 화산 분화구와 아리딴 집채들
하늘과 바닷물을 아울러
나날이 첫 돋을별 가슴팍 언저리로 감열등 불 밝힌다

자연(自然)과 인간과의 한 지붕 속 되지 않은 삶

시시때때를 변화무쌍한 자연 순환의 섭리줄 따름이니
아님을 깃발 들어 천지를 알리리오까!
아님을 오선계에 지어 받아 올리리오까!

하늘을 천지개벽
바다를 일기개왕 소식망이로니
이야말로 진정 자연섭리막 어마무개함을 알아야 할지리라

참 이상세계 파라다이스 존재해 섬 그 반면에

천연스럽게도

한 마디로 저 기 하늘창을 더불어 벽해수
색즉시공인즉 그 모두가 조화옹의 지음만이 따라 있으렸다
자연계는 말하고 있다

헌데 저 풍경막 그 누군들 대변을 논치 않을쏘리이까!

독도는 살아있다

경상북도 울릉군 독도리 화산분출로
약 460만 년 전 생겨난 생태계의 보고처
수 만년 동안 생명을 간직한 섬, 어머니의 섬
그곳은 첫 번째로 독도의 주인
괭이 갈매기떼들의 휴식처라 불린다
육지의 또 다른 숲, 철새들의 밀월여행지가 되어선
우리나라 대표의 가장 아름다운 청정의 해역 섬이지요
우리나라서 일출 또한 가장 먼저 볼 수 있는 섬이었지요
푸른 호수 비취색 바다 저 깊숙이로 자리한 천장굴속엔
수문장으로 문어가 그 자릴 지키고 앉아 있고
쟀방어 한 마리 모래바닥 흑충 제거로 청소 중이고
미역치 다른 고기의 자리영역 허용칠 않으며
백송은 소나무 잎가지 활-짝 바닥속으로 펼쳐들어 서있다
곤봉바다딸기, 큰 산호붙이히드라, 노무라 입깃 해파리
등등으로 누가 무어라 해도 그 중 가장 손꼽히는 건
청정해역으로 파랑돔이 일치 돼 놓여 있었다는 것
독도의 터주대감 혹돔 외 노랑거북복, 철갑둥어, 세동 흰민
숭달팽이, 붉바리, 능성어, 방어, 비늘적투어, 가리돔, 부채꼬
리실고기, 전갱어, 돌도미 등 공존을 하고
생명에 생명으로 끝없는 한 마디로 환상적임 그 자체
독도는 오늘도 또다시 생명을 품는다

저 바닷-물 밖으로 억새풀 숲 낀 한 자리로
얼룩괭이갈매기들 알 보금자릴 만들어 품고서 있었음이니
바닷물 밖 바위틈 사이론 연보랏빛 해국들
여름 떠난 10월의 계절을 대변해 주듯
소중히 피어들어 있었고
독도의 생태계는 그렇게 살아 숨쉬고서 있었다
그 주위를 코끼리바위, 굴바위, 촛대바위... 가재바위로까질
그밖에도 수 많고 많은 동·식물들의 집합체로가 되어
서로가 서로를 응시를 하듯
어둑어둑 어슴츠레히 황금 모래빛깔로 해 기울어서 간다
해질녘 노을가 고개 숙여 움츠려든 저기 한 사람
텅 비인 바다 저 공간속으로의 역동적 자태 형태상이라
독수리 바윈 암흑진 절벽 살짝 끼인 지는 해 받아들어서는
비쳐져 드는 노을빛 여운 결국은
어느 한 찰라 바닷물결선의 자태로
초월적 시간 흐름 속 되어선 파란하늘 밑으로
붉은 노을빛깔 아름다운 구름 향수를 이루며
서서히 달빛 전형 제 모습을 갖춘다

* KBS 다큐먼터리 독도편 방송을 본 후에

해송(海松)

우주만물 창생의지력 무한한 형세를 띤 가운데
그의 세태 여지없는 자연계 존재론 법칙을
따르고져 함이요
찰랑 찰랑 휘황찬란한 꿈 해심 속
또 하 나 존재성을 갖춰선 곳, 바닷속의 섬이라
해양 암반 조하대 바위표면 위
자생의 길 자취 변화물색인 희뜩 희뜩거린 색채는
이미 미로행적 바깥의 일 뿐인 걸
수심결 속 스스로가 오롯한 지조행색 송엽, 잎가지는
휘 휘 올곧음 세우고자 함 섰을 뿐이오니
네 자태여
모든 것 해심세계 속의 일이어라
활짝 편 제 이상향 미지의 성 동경화
꿈처럼 환상의 성곽문 활짝 활짝이 열어 젖혔으니
미지의 꿈 현실세계를 쭉 뻗어 나갔으니 말이다
만유인력 만개한 희귀한 소나무형 나이테 꽃이파리여
바닷속의 앞날 세운 결 섬섬한 화창함의 빛이여
그 모든 것 바닷물결 살랑 살랑일 뿐이어라
양 날개짓 활짝 펼쳐 섰는 고색창연한 자태여
은빛 비상향 날림성을 알림이오니
눈부시운 채광이여 섬광엽이였어라

그 섬에 살고 싶어라

이 마음 인어공주 돼 어디를 헤엄 쳐 떠나 갈꺼나!

이 마음 바닷 물고기떼 군무락을 춰대며
무엇을 향해서 삶 공존 해
숨 쉬고서 있었을까!

해녀들의 숨비소리 테왁 뜬 어느 뭇 바위섬을
나 찾아 갔으리

하늘과 바다가 수평선 함께 눈을 뜨고 잠드는 그 곳

누가 누구를 그림자 짓밟을 수 없는
자연(自然)이 주인공인 인간을 품앗이로 낳아서 기르는 곳
그곳으로 나, 내 삶 전부를 함께 훌훌이 길 떠나서

여기 이 곳을 터줏대감 돼
이상향의 향수 행복론 영원으로 짓고파라

나, 그 섬에서 이 마음 다해서 살고 싶어라

축복된 섬 해돋이 내일의 꿈을 하나로
오롯이, 곧 지켜 바라 보면서

4장:
가을고독 의문이여

에델바이스

검은 섬 바다향기 꿈을 간직한 채로
대표적 그 이름 알프스 산악지대 바위 틈바구니
히말라야 라다크 조용 조용히로 노랫소리 홍 흘러서 간다
오로지 사운드 오브 뮤직 송 기억 한 켠 굳건히 지켜 서
네 이름 솜다리꽃 눈꽃 털 복숭이는
저만에도 부풀은 미래지향 담금질 쳐 울려퍼져 가면서
무엇을 꿈 스케치 해 밟아감인질 감지선 아니 경계지며
그는 은하늘빛 비취창 무던한 삶
제자리 걸음맞이 밟혀들어 가곤함 그 아닌질......
숨박꼭질 애섧은 제 밀어만을 꾹 꾹 눌러 담은 채
아, 넌 어디로부터 찾아와 줌
자취 없는 꼿꼿한 자태상이란 말인가!
아무런 빛깔조차 무소식을 내비춰둔 모양새 뿐인 걸
저 검푸른 바다 암벽등 탄 바위틈새 비집고선
오늘로도 내일로 오직 그 자리 그 형세만을 띠고서
널 찾아 들이리다 널 스케치 해 바치리다
내 이 간절한 가슴 끌어 안으며
내 이 애틋한 맘 꿇어 앉힌 채
새벽이슬비 마저도 폭풍진 바다 은물결로 헤쳐 흐르니
뚝 뚝 떨어지던 이내 맘 솔방울 향기마냥
뜬 소리 소문 없이끔 남몰래
묵시로 오직 너만을 오래 오래 기억 속 남겨둔 채로
내 가슴 속 수묵향 란을 쳐 놓이듯

해마(海馬)

신화는 바다의 신 포세이돈으로 마차를 끌어 휘달려 선다
천리안 시야를 가졌을 느림보 세상 느릿 느릿한 움직임
장건스럽기까지 한 그 신성스런 자태여
불로초 산호의 섬나라 신비주의 바닷속을 유영 한다
그야말로 너, 태평천하 한 자리서 제국을 다스림이련다
태평한 물결 이로소 곧 바닷속의 낙원 에덴동산였으리니
억 만년을 함께 해 온 그 외경스럽기만 한
한 생명체 기개에 찬 일굼여
그 웅숭 깊은 자태 한 생애를 느긋 느긋한 천태만상이로소다
점 해마, 가시해마, 황금해마, 멸종 위기로 신도해마
Weedy Seadragon, Leafy Seadragon 등
모두 모두 바다의 귀족 호기롭다 그 위상
뿔바다말 예스럽게도 고색창연스런
천상의 누룩지색 갈색여 찬연코져를 섰으니
오색 천연덕스런 마법이 부른 성 천연색 암 수 한 쌍은
극비밀리에 형체를 나타내 보인 구태의연스런 자태니라
깊숙이 한 고개 엄숙히 숙인 하늘이 내린
피안(彼岸) 성자의 모상이로구나
심오한 우주 몇 광년을 비행하다 여기로 찾아 섰을까?
두루 두루 제 방패막이 하 나 없이 바닷속을 누벼선 너, 해마
그야말로 수령 할 금선이 아닐 수가 없구나

세속을 떠나서 있는 상사화

만휘군상 붉은 태양계 해돋이를 뚫고서
생명력 뿜은 푸른 별 물결 세상 여백의 미 시어까지를
쭈욱 쭈욱 쭉 절대 휠 수 만은 없었던
올곧은 상 누굴 향한 그리움의 길이었나!
그 자태 어이 또 생명줄로 이어 받았을꼬

대나무 그 기개(氣槪) 하늘 끝 솟구쳐 오름이여라

한 없이 끓는 연정(戀情)의 피
제 가슴속으로 삭히고 또 삭히면서
그대께 바칠 헌화가 땅속 깊히 깊히 묻으며
그 자리를 빙 빙 떠날 줄을 모른다

아무런 연고를 잃어버린 채
하 많고 많은 홍자빛물 애끓는 사연담 꽁 꽁 끌어 안은채
연모(戀慕)의 정, 눈물만 한없이 구슬프게 흘러 내리니

아! 너와 그대와의 인연은
이대로를 영원히 잇지 못할 평행선이란 말인가!

하늘조차 인정 않으신 은둔자 된 자태륜의 색이여
섧도록 안타깝기만 한 그들의 연분홍빛깔 자화상아

그저 통한의 징 메아리 대나무숲 그림자 속
하릴 없는 울림막 소낙비를 짓는구나

아프리카 빈민촌

뜨겁게 불타는 태양볕 담금질만 해대는 곳
식량문제로부터 태어나자 마자 죽음을 체류 당한 곳
쓰레기장조차 삶의 기근을 해결 해 나가야 하는 곳
배움 같은 건 아예 꿈이 돼 버려선
미래는 완전히 저당 잡히고 만 암흑의 세상
진정 자유란 여 기 이 곳에 무슨 의미를 가졌음이란 말인가?
그 어느 곳 하 나 삶의 풍요를 진정 이야기 할 수가 없구나
죽음의 외침소리마저 환청으로 듣고만 살아야 하는 곳이라니......
나 그 곳을 바라봄만으로 희망감이란
어디론가 꽁 꽁 실종 돼 버리고만 말았음이니......
깜깜 통로길 속 압박감만 꽉 들어차 버렸음이다
내 자유조차 진정 자유가 아니었었더구나
이 안타까운 현실은 또 한 번 내 자신을
비겁한 자로 만들고야 마는구나
그래서 내 할 일 또한 태산같이 높고 멀게만 느껴진다
하느님이시여! 제발 제발 그들에게 도움길 열어 주소서
저 불타는 태양앞에 시원한 장맛비라도 한 번 더
제발 온 세상 인류에게 평등한 나눔을 주소서
진정 아름다운 평등의 세상은 가질 수가 없다란 건가요?
삶의 자유조차 진정 자유일 수만은 없는 거라니......
난 정말이지 그들 모두로부터 죄수자라도 된 듯만이 싶네요
대단히 대단히 미안하구나 죄스럽구나

인간이라면 저 모든 이 단 한 사람도 빠짐없이
평등한 조건, 평등한 삶의 가치를 누리고서 살아야함인 것을……
그것이 우리 인간의 기본 권리이자 의무인 것을……
세상 누리고서 살아가는 한 사람으로써 대변하길
나 그들에게 용서라도 빌고자 한 마음뿐이다
의지치 않게 불평등한 이 현실 이 상황을 말이다
나 갑작스레 이 세상 다 모든 바
의문만이 생길 뿐이랍니다

장승

뭇 마을 어귓함 절터 입구 등
모든 잡신들은 썩 물렀거라 마을터 잡고선 장승박이는
한결 어김없는 마중길 손님 맞고선 수호신(守護神)
그 이름 내리 내리로 악명 높은 한 존재자가 돼

운명의 각시탈 함께 씌여 있는 한량스러운 또한 객이로소다

한울빛깔 흰 구름 맞고선 한 점 나그네들
허울 좋은 두 얼굴 그 형상만이 오갈때에도
해 저물녘 언덕받이길 어룽어룽 빛그림자를 그리는
나무 나이테 형태를 심은 오직 우리네 전통 얼이로소니

자유의 형세로 속박을 즐긴 채
희노애락 오만 싫은 감정들을 한 얼굴에 품은 채로
현세를 뜬 눈으로 보고도 못 본 척 눈을 감는다
그 이름 그대로 목석이 되어

얽박혀서 있는 저 기 솟대 새 한 마리
어림 반대편에 지켜서 널 반겨서고 있을지리니
어림 등 반대편에 서선 과거의 역사가 실바람 좇으리리니

그 형상 바라보건데 영락 없는 전통 하회탈 살아 숨쉬는구려

모든 시름, 격정의 세월 겪어선
온새미로 익살스럽기 짝 없는 통 큰 침묵자를 하 나로

메밀밭 시야로

우주 암흑성에서 백주대간 하얀 꽃 축제를 연다
교교한 달빛창 비춤 한 세계속을 울녘 메아리 쳐 흐르듯
한참동안을 홀알 가슴깊이 묻어됬습한 제 고백문자들로서
여명 져 불타오르던 새벽길 목차 메밀밭 숲을
온 세상아 몰락 된 어둠을 온전히 밖으로써
온통 환연토록 제 스스로부터가 깨어나게끔
온통 환연토록 제 스스롤 활-짝 펴들게끔
완전한 어둠속을 뚫고서야 산야 맵씨줄 타고서 찾아듬
절망벽 딛고선 희망의 찬가 풍연스런 광경을 만난다 하니
이 초가을빛 그림자 한 뼘만치도 용납치를 않는 바
메밀밭 시야를 밝힘이로소이다 귀담아 듣소로이다
자연섭리 순수체 자체로써 피어놓임이야말로 비로소
여기 둠 고향 향수벽에 젖었음을 속속들이 흠씬이 깨닫노니
예도 옛날길 오직 자연공물 섭리하를 예 따름이었노니
지금 그 또한 어찌 빗겨설 길 있으리오까?
초가을날 파라난 저 가을 하늘이라
천연히 푸르름 펼쳐 섰는 큰 호수길이여
소금꽃송이들 메밀향기 숲 폴폴 넘쳐 흘러섬이라
귀뚜라미들 풀벌레 소리만 내 귓가를 울먹 울먹거려만 대니
그 모든 바 자연의 향기밭이로소일 뿐 그 아닌지......
한 가슴 가득히 소금꽃송이들 무더기로 품어 새겨 넣을지니......

가을

때 이른 여명빛 가득 차오름 종소리 울림에
돋을볕 또한 어슴츠레한 세상을
하루를 밝힌다

막새바람 오솔길 숲속으로 따박 따박 내 발걸음은
낙엽진 길 밟으며 추억진 노성 발자국을
시근거리듯 남긴다

산언덕 언저리 갈대숲으로 내내 흐느껴 울면서

가을빛 해산 그림자 나그네길 넘으며

올해로도 저 하늘 쇠기러기떼 V자선
알 수 없는 모든 이 커다란 가르침을 안겨다 주며

그 가운데 수국화 향기 논배미를 느긋이 이계절을 즐긴다

무주공산 알 길 조차 두려움 된
복합된 비밀 회전문 볏집색깔 이름없는 무인도 작품세계는
스산한 창문새로 내려 앉은 갈파랑새 아니었을까?

그 또한 가을 이미지 향수를
그대께 전달 해 주려함 혹 아니었을까!
당신께 이른녘 갈무리 알려 주려함 혹 아니었을까!

가을 초입에 들어서

아마도 지금은 혼돈의 시기 계절목이랄까!

낯설짐 온통으로 그 촉감일 뿐이다

네게로의 가는 길 행보선을 따라 여전히들......

나무 수풀림위 절정의 혼 쩌렁 쩌렁한 매미 울음소리들은
쓰르라미 한 여름 초롱물빛의 새 울음소리로 또한
아직은 손 놓아 보내줄 기미는...
어디쯤서...... 어디쯤을......

어쩌리 숲정이앞 꼼짝을 않던 귀뚜라미들 또한
어둠 속 풀숲만을 꽁 꽁 숨어서
홀로이 독백 주문 욀 뿐인 걸

새벽 종소리 찬 이슬에 고단한 상념만 그림자 져 있을 뿐

가을막 초입에 들어서
그저 한참을 기다림 속 심취해 놓임 중이니

자연 순환의 진리 안에서
지구의 서막도 언제런 듯 서서히 발동력은 걸리겠지

코스모스

막새바람 천연스러운 갈 파–란 하늘을 부른다

산천경개 길차든 마루터기들로 둘러쌓인 촌심 마을이여
이름 모를 새떼들 이리 저리 창공을 날으며
그저 공중누각으로 제 갈필을 못 잡겠는듯 싶구나

우리 설레어듬만으로 뒷걸음질 쳐대기를 서너 번…

저 코스모스밭 한참을 운치 익은 풍광지 이룬 듯함은
만인의 연인들 가슴속을 꼼꼼히 새겨놓고파라
꿈결 길 거닐고 섰는 여인들의 숨박꼭질 시켜놓고파라

여인들의 순정어린 깊은 맘 흔들림에서처럼 파리하게

설상화 유채화 색깔 숨막힘 접하도록 화가의
붓날림을 쳐 들인다

초대 된 나그네행 발길 머무름 모두가
여 기 이곳으로 하 나 돼

가련토록한 그리움 흠씬히 닮아가 듯

어디론가로부터 들리는
기찻길 기적소리 지평막 풍경속을 울리며
끝없이 여울 져

지금은 코스모스 철이라

심장이 뛴다
선 지문에 팔딱 팔딱 답문을 띄워 보내듯이
고요히 열은 무지개빛 향수를 흩날려 보내우면서

천지간 대화 장벽을 뚫고서 한 귀 되어서

하늘색이어라

오늘은 내일이 아닐 뿐 무슨 할 말이 없구려

오랫동안 제 입술을 뗄 수가 없이 조곤 조곤히
흰색 도화지위 스케치를 해 나간다
그 꽃무리들은

여기 한 곳에 흘러 흘러서 모여서
가을문 물 비취 선녀탕을 이루며

온새미로 안타깝다

한글날

10월의 파란 하늘 드높은 얼로 함께 울려 퍼진다
높이 높이 드높이 민족의 얼 비춰 들인다
세종(世宗)어제(御製) 한글의 제작 원리들은
훈민정음(訓民正音) 그 한 권의 책속으로
'가갸날' 그 시초의 날을 어찌 곧 잊을 수가 있으랴!
세종대왕님 뿌리 깊은 백성을 향하셨던 그 애민정신이여
거룩하신 뜻 그 고귀한 마음은 길이 길이 빛나리
길이 길이 만천하대에 거문고 심금줄로 울림이 되리라
고이 고이 가슴속으로 감사의 눈물을 흘림 되리라
세계 역사상 유래가 없는 한글의 우수성 그 공로를
세종실록(世宗實錄) 28년(1446) 세종대왕의 뜻
기필고서 훈민정음 현실로 이루어짐이로도다
세종대왕님께로 엎드려 깊숙이 감사의 뜻 바칩니다
엎드려 깊히 깊히 그 뜻을 섬기렵니다
이 날은 곧 시초 1926년 '가갸날'로 이어온
1928년 '한글날' 이니라
결정적 일제 강점기말 말살정책의 큰 위기로도 버텨냈던
우리 민족의 글, 한글로서 세상에 당당히 서
모든 것 광복으로써 우리의 얼 민족의 얼
드디어 백성들 뿌리 깊은 새김줄을 밝히며
만세 만세 만세 세종대왕의 뜻 만세의 날이니라
세계 속의 대한민국 눈부심 기필코 온 인류를
뻗어 날림이 될 것이니라

낙엽 이야기

싸늘스런 가을날 빛살 주검 울림막을 걸어서
부스스르 희뿌옇게 안개 빛줄기는
한동안을 함묵한 채 흐슬 부슬히
쓸쓸함 추정(秋情)을 기도 드리듯
하염없음을 이야기 한다

살갗을 후비듯한 느릿느릿한 거북이 걸음형태를 갖추며

산 숲새바람마저 갈 계후풍에
되돌이킬 수 없는 망객 각다른 색채감의 칠만 떠돌 듯
영혼의 울림 녹숲자락들 미련 없는 헤어짐 인사 올림말은
제 한 생애 마지막 선(嬋) 울림수를 놓듯이
거센 파도물결 화려함을 타고 흘러 흘러섬과 같이

앎인지 모른체 함이런지
그저 허례의식만은 곱곱이 접어둔 채 그렇게

찬 아침이슬 맺혀 서리면서
누리끼리 누루멍게 호랑꽃 섬집마을 길잡이를 세우며
새벽서리 밤서리 붉은 화섬(華贍) 발자국에

갈급해 닿음 내리 내리 깊숙이 저려 돋쳐오름이 되어
수채화급 멋드러져 버린 붓날림을 쳐 가며

무상무념 훌훌히 어디로 어디로를 단단히
이 세상 떠날 채비 묵시로 흐트러짐 하 나 없이
멍석 깔림 그 자릴 비켜서
허허로이 허허로이 땅 흙바닥을 뒹군다

말은 달린다

가을을 합체심연 땅울림 크게 쳐
활개침 비상의 꿈 이뤄 내면서
제 몸 풀 듯이 말은 힘차게 내달린다

붉은 여명의 맥 빛줄기
혼연일체 되어서 새 희망에 가득찬
자유여신의 탑 돌쌓기 꿈을 꿔 가며

꼭두새벽길 차디 찬 이슬비를 흠씬히 맞아 서면서

저 붉은 태양빛 쉼 없이 질주해 서는
진흙덩이빛깔 행각 띤 말이여

뜨거운 태양빛을 쬔다
시원한 바람결을 맞는다
넌 진정한 자연(自然) 그 자체를 만끽할 줄 아는 무법자

기세등등 주마등을 스쳐섰는 절대 자유자여니

너에겐 언제든 초행길
옆도 뒤도 가림 없는 앞길로만 달리는 기질만이 현존하는 바

푸르른 초원언덕 갈기 흩날려선
쏜살같이 하늘 바람길을 가르며
말발굽 땅마룻청 용트름을 곧잘 내뿜으며

투루룩 투루룩 끽 ~ 제 숨찬 소리 한 번에 고르면서
그 모습 마치라도 흙감태기 쓴 울체 된 형상화라고나 할까?
그 모습 홀림체 뒤집어쓴 막무가내형 형각이라고나 할까?

그래, 너 끝없이 내리 달리거라
그 길이 너에겐 딱 어울림성 새삼스런 맞춤형
될 뿐이어니

가을은 왜 떨어져야만 하는가!

가을은 왜 늘상 떨어져야만 하는가!
낙엽은 왜 번번히 세상
떨구어져 쓰러져 있어야만 하는 것인가!

인생은 왜 항상
바람 따라 세월 따라
홀로이 건너 섰는 외나무 다리길 같음인 걸까!

가을도, 낙엽도, 인생길도
쓸쓸한 바람 없이는
함께가 아니고서는 갈 수 없는 길이기에
혹시나 그런 건 아니었을까?

문득 오솔길 거닐면서 또 하 나 엮여진 삶 생각에 잠긴다

이 계절은 오늘도 변함없이 외로움 고독만을 씹는 중

5장:
침묵의 성

옹기장이

나무 떨켜 자리로 옹두라지 천연덕스럽게 혹 맺혔다
구릉 진 둔덕을 찾아나선 길 그 형상 그대로
황무지를 떠나서 비옥한 땅 지심을 되밟으며

만고풍설 피안길 가야금줄 튕겨 그예사 귀거래사 함이니

만년을 두고 두고 진흙더미서 도기(陶器) 한 작품성을 읽으며
섬예한 두 손 빚어낸 투박스러운 듯 소박한 정직의 미
서로 교감하 천업 멍에터 심어놨음이여
온 심혈의 땀방울 기염줄을 토해낸다
너와 나 흙 더께 더께 인간의 유한성 화응커늘

오롯이 선 옹기쟁이들 그의 생명혼까질 불어놔 넣었음이로니
불가마, 도요속으로 불꽃 대기염 호흡해서 누빈다
인종함은 오로지 일체무지 숨는 비밀

아! 천종의 덕 아는 삶이여
그대의 혼 진상속에서 은하수 섬광으로 뜬 돈성일 뿐이라
인간의 만성기염 토해낸 성문, 당초무늬를 뛰어넘을지요
그 심성의 결 당신을 못지가 않음이요

어찌 질그릇 순수의 불꽃염 곁넘볼 수가 있으료까?

무릇 지위를 막론하고 도기예 제 스스롤 함육케 됨 있을지언즉
무릇 남녀를 막론하고서 도기예 남몰래 함양시킴 될 지련즉

기러기

인터넷 영상물속 뜨겁게
고이 고이 내 가슴속 각인 돼 놓여버린 너라는 존재

천공(天空)앞에 무리섬 될지라 해도
끼륵 끼륵 끼르륵 저 울부짖음 형상어 때때론
첩첩 두른 산정기슭 횡단기류선 밖을 헤쳐가며
기약도 없이 돌고 도는 형세라

물레방아틀 횡축하며 빈 그림자를 찾아나서 떠날 듯이 노니며

홍안(鴻雁) 철새 기러기떼 여념없이 날아들은 그 자리
한 겨울철 쐐한 바람 빙하를 두루두루 갖춰서선
빙하계류 타고 흘러 내려 보낸 뭇 이름 모를 강가로
평안의 한 계곡 함께로 선 여행길 나들이객 되어선

올 또한 어김없는 너희들
뜻밖으로 찾아든 무리치 않는 침묵하는 손님이여
빈 손 쥔 여유론 자 행적순을 따름이라
해질녘으로 양조(陽鳥)떼들
하늘 전체로의 붉은 가슴 태양새 되겠구나

무르깊음 보름달 그 사잇길로

어수룩찬 차분한 심금줄을 당기는
무자맥질 하는 행색과도 같도다

석양속의 일몰하는 하늘공원 갈대숲을 가르듯
마침낸 너와 나 생과 사를 초월해 두고 섰는
옹(翁)계(鷄)기러기의 검은 솟대들 마냥
삶으로써 처절함 제 기억의 망
되짚어 떠올려둘 그들의 창 그대로

V자형 편대상 꾸준함을 이루어 가며

눈

하늘나라서 청정 수락한 무렵 비로소
세상 밖으로 그 결백의 미 새하얀 눈
삭풍을 따라서 힘없이 조용히
떨구어집니다

백의종군한 천사의 날개를 하고 자연섭리 그대로

고대하고 고대한 기다림 설레임 눈 결정체를 새기며

강 건너 나무 섶다리를 걸음걸음 내딛어
나루터 배 마실 길 행로주막을 좇아서
산새들 둥지 속 알른알른 거리는 푸대접 품에 안으며

사박사박한 발걸음 억새밭 벌판을 누벼서

꽁 꽁 언 손과 발 삭정이 마디마디 온통 눈 성에가 서려

바닷가 세찬 월동력 바친 바람소리에
폭풍설 기미에도 연날리기 매섭게 날려 띄워 보내고
옛 촛불놀이 여행 행성계를 그예는 찾아내
하얀 축복의 성 성지를 순례 해
맴돌아 섭니다

겨울 스케치

앙상한 엄지손 흙나뭇가지새 타고 흘러 내리는
새벽 밤이슬 방울들로써 함께 돼
하늘에는 별들이 총 총 박혀 있다

까치소리들 까 까 까 소리 쳐 첫 아침 해를 열면서

매몰찬 바람으로 뒤섞인 굴뚝 밖의 연기는
예년과 별 다를 바 없이
하늘을 타고 올라
지금 그 순간을 충실히 삶으로써 이야기 나눈다

오순도순 대화 속으로
꿈 나래 등불빛을 밝혀서며
하루 하루 일기집 곱씹어 읽어내려 가면서
내일날을 깊이 깊이 기약해 나가며

창밖으로 때때로
목화솜 털 복숭이 하얗게 하얗게 내리고

산 구릉지에서는 골짝물 마시러
산 짐승들 번갈아 길목을 지키고 서
목 축이곤은 함이다

이것이야말로 겨울 풍경화의 소리로구나

이거야말로 소박한 삶의 향기로구나

졸 졸 졸 줄곧들 물소리를 따르며

삶의 순환도

인간 삶 자체 세월 흐름도
생명 화수분 아닌담에야
어찌 그 옛적 어린 시절 청춘을 되돌리오까!

화분꽃 줄기 이파리 또한
제 시간을 세월 나이테로
재고나 있었듯이......

어쩜 이렇게도 너와 나
한 생명 태어나 늙어 해 저물녘 노을짐 상
주름 짓는 모습까질 서로 한 형상을 띠고 서니
그 모습 애처롭기 그지 없음이로다

허무는 그렇게 섧이 우는 마음뿐이오니

오로지 옛 추억 싱그런 푸르름 수풀림속에
폭포수 떨어짐 창공의 새 되어서
오래 오래 살으렴만을 꿈꿔 본다

어쩔 수 없는 인간 세속진 마음 품으면서 오늘도

나눔이 희망입니다

TV속 "나눔이 희망입니다"란 말
지금 이 혼란의 정세속 더군다나 절실했던 말, 그 말
그리고도 잠시나마 잊고 있었던 가슴 따뜻하고도 아픈 말
오로지 우리가 할 수 있는 일 그 뿐이었던가!
겨울 살바람 속으로 온몸은 이미 매도둑질이 있을 뿐
찬 바람에 내 가슴 얹힌 속, 얹혀진 짐만을
이미 옛날로부터 내려온 지금 이 현실 모습들을......
호롱불 높바람에서 된바람을 싣고 와
아슬 아슬 외로움 고독만을 여러 날 지새움 잦게 한다
어찌한단 말인가! 이 아린 짠 가슴
참을 수 없어 무심코 전한 단 돈 2,000원
차마, 그들에게 도움이려나 됐을까?
그래서 또 걱정스럽기만 한 이 마음주름
그런데 또 이 무슨 급 따뜻해져 오는 온가슴이란 말인가!
등잔불 호젓이 그나말 여럿이 미소 짓게 하는 화롯불
이렇게 감사한 일이......
그렇구나 그랬었구나 바로 이거였었어
그렇게 부끄럽기만 한 했었던 맘 의미 없음 아니었으련 그것이
감사하다 감사하다 감사할 뿐이다
이 감개무량 멎을 수 없는 따뜻한 화롯불 온기의 정
맞아 맞았어 그래서 나눔이 희망이었던 거야
나달 들레던 바람 암벽등 타기만 하던 그 막막함 속에서도

아주 작은 촛불등 하 나, 하 나가
희망이란 길 찾기에 어마한 도움이 돼 주었으리란 사실
우리들 가슴, 모든 사람들에겐 희망이 있었다
나도 오늘 그걸 몸소 체험한 바
그 영광 감개무량 어찌할 바 없음이로니
깜깜 암, 절벽길 어둠의 길 걷더라도 어디든 그곳엔
잠재된 숨구멍 여명의 빛 존재 해
섬광채 마을들 어룽 어룽히 이뤘을 테니
새 희망이란 횃불 하 나씩만 손에 들고서라면
언제라든 제 결정, 목표점에 도달코야 말테니
희망이여, 영원을 저 태양 활화산 돼 불태워 다오
영혼령 끝까지 불태워 다오
집념의 구릉지 무덤밭을 구르더라도

까치밥

깡마른 빈 나뭇가지들 사잇 사잇 열매여

하늘로부터 희뿌연 서리발
그 바로 꽃무덤이 돼
사분 사분히 홍시로써 새들의 양식이 되었습니다

덩그렇게 봉숭아 씨앗 툭 터질 듯 새빨갛게만

죽전부리
흰점 쓰르레기
오색 딱따구리 등 등
하늘을 나는 온갖 새들이여 그야말로 더없는 만찬이로구나

인간 품앗이로 전해진 값진 가슴 울림이어라

진정 이야말로 세상간에 품앗이로소다

겨울나기 냉엄찬 공기 그속의 빈곤 속 풍요로소다

그들의 감사 형상들 불빛망 밝혀들임이라

그여 뿌리 깊은 우리네 삶 이야기

호롱불

한 밤 중 초가삼간 정취는
칩거 울타리 은근한 호롱 심지 속에서
꽉 다문 그 입술 뜨겁게 짚불향 피우듯 서려든다

저 호롱 불빛 하 나에
하룻밤 지친 삶 온전히 한 몸 수그려 기대선 채로
한편 서재방 책궁으로 빠져들고 마는
그들의 삶 찌든 모습들

어둠진 바깥풍경 흙빛 나무결에 검으튀튀 무늬여
깜박 든 졸음새 세월문 나이테는 오늘도
풀뿌리 깊숙이로 물레방아틀 돌고 돌고 돌듯이

사각기와등 사군자의 은결한 자태향 뿜어섬 대며

창호지 문틈새 파고들은 살바람결이여
밤하늘에 별빛들 둥글은 보름달 아래
얼 비춰 들여논 검푸른 흙마당의 냄새까지를
싸리빗자루 속으로 그림자를 남긴다

속세로의 찌들은 삶 암흑진 절벽담으로 한사코 건너뛰
있는 힘껏 절제절명 기로에 서서

정예된 열의와 절박한 기도하는 맘으로설
혼불 켠 소원 성취 사랑의 방 향취를
축복의 집으로 옛 기억 꿈 일굼이 될지리리니

그 어디까진들 불빛맘 속 물레방아 얼레질
돌고 도는 인생사 좇을 수를 있을까!
돌고 도는 인생사 예지력 빛 안 들 수를 있을까!

자연 본연의 길 찾아서리

어디서 어디까질 이름함이더냐!
자연 본연의 길 세계여
나달 영원회귀 형용치 못할 신비로움의 세계는...
심금 울림줄 그 미학의 만유인력 본연의 그 세계는...
억 겁 억 만년 상생지기 눈부심 뿌리의 본향을 찾아서
향유대적 서로 서로 응대 하면서
삼라만상 우주를 횡단 교류하는 공간 기류속에선
자연과학 생명학 세계야말로
인간 밤낮을 조석변개 한들 그 형형본색
그 어찌 따를 수가 있으료
턱 없이 미약하기만한 불완전함 인간이......
감히 상상으로나마 그 깊이속을 가늠할 바 됐으리요까?
처음부터 모든 것 다 착각의 수렁을 유영 해 보려함이었음을......
자연앞에 만연한 불구자인 이 한 몸
숙연히 고개 숙여 그대롤 받아들일 밖에......
불완전함 인간이었음을 한참을 잊고 있었음을 말이다
감히 어쩐다고 그 무한대 미래영겁의 세계를
가늠하려 했었단 말인가!
앞으롤 그저 광망히 지켜 바라다 볼 밖에
그 어찔 생각하려 했었단 말인가!
나, 자책속에서 스스롤 빈 손 자 된다
나, 자책속에서 무소유자 성찰을 한다
어찌해 난 그것을 인제서야 깨달음이라니......

청사초롱

땅 끝 마을 타락줄 암흑 낀 길로
청사등롱 불 밝힌다

혼례복 섬광 찬연한 횃불등 들고서 길이 길이
거침 없도록 앞길목 열어제쳐 나간다

초생달 어리어리 만강유수 한가운데 얼 비추듯
제 님 생각 연정지화를 띄워다
천봉수작 산 굽이 굽이 펼쳐서
고이 산정울림 겹겹이 해 차오르도록

초행길로 등롱의 걸쳐라도 입은 듯
마음길로 화사하게

푸른 운문사 절명(絶命)의 시
밤하늘을 수틀 짓는다

새벽 밤하늘은 그대, 님 얼굴 뿐이어라

청등 뱃사공 강 흐름을 따르다

두고 두고 그 한 날 되새김질 배수틀을 짜면서

세상은

지금 세상 사람들 시(詩)를 등졌다
그리고 또한 세상도 시(詩)를 등졌다
지금 세상 사람들 시(詩)를 비웃었다
지금 세상은 시(詩)를 비웃었다
그래서 또한 세상 사람들 시(詩)를 버젓이 무시했다
그래서 또한 세상 사람들 시(詩)를 밟아 버렸다
지금 세상은 언젠간 듯 옛날에 벌써 컴퓨터 과학으로
우상화 되어 있었으니까
지금 디지털 과학은 첨단미래를 걷고서
우주를 달리고 있었으니까
미래는 미래는 첨단과학을 동반자로 함께 서 있었으니까
그러나 시(詩), 옛날이나 지금이나 미래로나
온새미로 늘 그 때 그 자리서 영원한 삶을 기약한다
그래서 더더욱이 시인의 가슴은 항상 그 자리를
푸른 숙명으로 살아남아 있었다
언제였던 듯 어쩔수 없이 시상에 또 젖어선 시 작업을 하면서
가슴속에다 붉은 화형을 웅숭 깊히 새기며 나날이 새도록
가슴속에서 붉은 혈흔이 깊히 맺혀 있었더라도
가슴속 숨통이 나를 조이더라도
세상을 죽도록 죽도록 아파하면서
그래도 언제였던 듯 시인은 한 결, 한 마음으로
한 자리서 시를 쓴다

그렇게 시(詩), 넌 영원을 고귀하나
시(詩)를 쓰는 시인은 문득 문득 세상 속 처참함을 느끼며
마치 꼭 그래서처럼 시(詩)가 존재하고 있었고
시인이 존재하고 있었듯이름
의인이 되어서, 의인으로 남아서
꿋꿋한 뭇 고목나무 한 그루가 되어서

먼 훗날 그곳에서

빼꾹새 소슬차게 울부짖고 떠난 밤
태백산 문수봉 산정마루 밑으로 극동성 회오리바람 헤집고
묵객 발걸음 밝혀든 초로등불만큼은
절대 막아설 길 없었다

흘러선 세월만큼은
창창토록한 발걸음 옮기고 또 옮겨 맘심줄 돋운다

언제 마주칠지 모를 그 단 한 사람 당신 향해서라면

저 하늘구름 꼭대기 어디선가로부터
찰라 기품서린 새벽 밤이슬 환멸감 든 별똥별 마절
극구는 참담히 참연토록 제 몸체빛 이내 끗끗이 쏟아져 내려
제 빈 가슴 나날이 밤새워 올린
초석진 섬돌위에다 연봉 무지기 해후명 깊히 새긴다

저기 올라선 사랑채 망루석 지켜 서서
가슴속 맺힌 옛 추억망 향수 몽환곡조 흘려 보내며
내내 속속들 빗물속에 저 멀리 떠나 보내며

차마 헤일 수 조차 없음을
무심한 작별 비행 인사말로써

물음표 찍힌 향후를 어찌해 두고 두고 남겨둘 수를 있을까?
꿈엔들 조차 두고 두고 속엣말 되곱씹으면서

거짓말

만휘군상이여 우주 안에 실체, 존재해 섰는 작은 행성
세상 사람들 속으로 뱀파이어 숨겨진 간괴한 거짓말속에서도
지구는 숨가쁘게 자전행 운행을 한다
앞, 뒷말 뒤엉켜 버린 빈 누각
현무암 숭 숭 뚫린 검은 암석 그림자속을 누비며
가랑잎 산장들 서까래 형체들을 성공적 갓옮아들이면서
참과 거짓과의 조화, 조가비 자개장 수 짜임새를 짓듯이
아! 오늘을 살고서 내일을 살아낼 우리 서로 그들의 삶속에선
그저 탄핵 져 흘러선 와각지쟁 큰 파랑을 일구니
난 선과 악 도대체 그 진실의 실체를 알 수가 없음이로구나
앎으로서 모르는 체 모르는 척 앎이 된
실회오리 꽁 꽁 숨겨 사라지듯이
흘러드는 시간들 속으론 잉크빛 물감 검정색
몸속으로 스며들 뿐이니
이것이 곧 우리 삶의 진면목 황제 모양새를 띠니
그저 오래도록 가슴의 탄식주를 나 홀로 마시고 또 마신다
저 홀로서 혼란 속에 빠져 깊숙한 물파형도 파문을 일으킨다
물과 기름과의 부조화 절대 뒤섞일 수가 없듯이
백의의 천사 흡혈귀 형상조차 용납치를 못 하듯
진실속의 거짓말, 거짓말속의 진실 된 탄식의 한 숨소리
그 죄값 톡톡히 치러냄을 힘입어 스스롤 죄형 속에 빠진다
그래서 난 세상 앞에 놓여진 완전한 허수아비

□ 해설

온새미로 가는 순천명(順天命)의 시학

- 김서휘 시인의 시집 『생명의 숨소리를 난 사랑한다』에 부쳐 -

홍 문 표

(시인 · 평론가 · 전 오산대학 총장)

김서휘 시인이 세 번째 시집『생명의 숨소리를 난 사랑한다』를 상재했다. 시집 발간을 진심으로 축하한다.

인생이 한 생애를 살면서 분명한 목표와 관심과 보람을 느끼며 살 수 있는 어떤 일을 갖고 산다는 것은 참으로 행복한 일이다. 많은 사람들이 각자의 직업이나 취미를 갖고 사는 것은 사실이지만 그 일에 만족하고 보람을 함께 느끼느냐 하는 것은 별개의 문제다. 생계를 위해, 아니면 어쩌다 그렇게 사는 경우도 많이 있기 때문이다.

그런데 김서휘 시인은 이번 시집 서문에서 그가 시인으로 사는 것을 가장 큰 행복으로 느낀다고 하였다. 자신이 시인으로서 시를 쓰고 시를 논할 수 있음을 하늘의 축복이라 생각하고 “하느님 감사합니다.” 를 연발할 정도로 그는 시인인 것에 만족하고 자부심을 갖는다고 하였다. 도대체 시가 그에게 어떤 의미이기에 이렇게 시인인 것을 감사하는 것일까. 그 이유를 그는 산다는 것이 세월의 후퇴나 인생의 퇴화에도 불구하고 시는 성숙의 길, 돈성(頓成), 깨닫는 계기를 만들어 주고 있기 때문이라고 하였다. 시는 인생을 깨닫게 하고 한 걸음 성숙의 길로 가도록 하기 때문에 보람과 행복을 느낀다는 것이다. 그래서 시 씀의 길을 시인의 길을 절대 피할 수 없는 숙명으로 받아드리고 있으며 그러기에 "나, 지금 이 마음 이대로 내 시도, 시인의 길도 영원하기를…" 간절히 소망하고 있는 것이다.

그는 시인이란 진정 누구인가에 대하여 시 작품을 통하여 다음과 같이 표현하고 있다.

나는 진정 누구였던가!
시인은 진정 누구란 말인가! 무엇이었던가!
그저 한 숨만 뒤범벅 엎치락 뒤치락을 수 십 번
갈 길 먼 시인의 댓잎소리만이 바람결 서성여대는구나
발길 머무는 곳 기억조차 허락 않는 듯
여기서 저기로 저기서 여기로
그 어디론들 못 닿을 이유 있겠느냐란 듯이 가는 길
그것이 바로 시인이 가는 길이었다란 마냥
아! 그렇겠구나 진정 시인이라면......
외떨어져 홀로이 우뚝 선 무인도 섬 자라난 소나무처럼
서러움을 뿌리박고 박아선 곳 바다 한 가운데설 말이다
그 어떤 회오리 침 태풍 몰아침을 다 겪으면서도
생각해 보니 그 가는 길 외롭고 외롭고 또 험난하도다
그런데 어찌 그 가는 길 쉽다고 할만 타구
감히 이야기 할 수만이 있겠느냐!
그게 바로 시의 길, 시인이 가야 할 엄밀한 자세 속
앞으로만 한참을 걷고 또 걸어가야 할 길이란 걸 말이다
그래, 그렇게 나 이대롤 앞을 향해 나가는 것이다
좌, 우 헛되이 바라보지 않고 신경 쓰지 않고서
앞으로 앞으로 앞으로를......
세상 속에서 쓸데 없는데 정신 팔리지 않고서

그 끝, 결과에만 매달리지 않고서
자연순환에 내 한 몸 맡기면서 세월 흘러가는 그대로
쭉 ~ 쭉 ~ 그 자체 그대로를
온새미로

-「시인은 진정 누구인가!」 전문

시인이란 누구인가. 아니 시인의 길이란 무엇인가, 첫째로 시인의 길은 어떤 사물에 대하여 한 숨만 뒤범벅이거나 엎치락 뒤치락이거나 댓입소리만 서성이는 먼 길이지만 그래도 여기서 저기로 저기서 여기로, 그 어디론들 못 닿을 이유 있겠느냐란 듯이 가는 길이라고 하였다.

그러기에 시인의 길은 둘째로, 외떨어져 홀로이 우뚝 선 무인도 섬 자라난 소나무처럼/ 서러움을 뿌리박고 박아선 곳 바다 한 가운데 섬"처럼 외로운 길이고 서러운 길이고 험난한 길이라고 하였다. 그럼에도 불구하고 좌우 헛되이 바라보지 않고 신경 쓰지 않고서 세상 속에서 쓸데 없는데 정신 팔리지 않고서 그 끝 결과에만 매달리지 않고 자연 순환에 따르면서 그대로 온새미로 나아가는 것이라고 하였다.

이처럼 김서휘의 시학은 기본적으로 성숙의 길이며 돈성의 길이며, 숙명의 길이다. 그리고 이러한 본질에 충실하기 위해 시인의 길은 끝없이 도전하는 것이며 위험을 감수하는 것이며 자연에 순응하면서 마침내 온새미로의 세계를 실현하고자 앞으로 앞으로 앞으로를 나아가야 하는 것에 역점을 둔다.

그렇다면 이러한 그의 시학이 이번 시집에서 어떻게 구체적으로 구현되고 있는가. 크게는 두 가지로 드러나고 있음을 보게 된다. 그 첫째는 인간과 대조되는 순수자연의 본성과 모든 존재들의 생명력과 경이에 대한 철저한 이해와 순명이다.

생명력(生命力) 존재 널 밀쳐 내놓고
생명력(生命力) 존재 순종성을 멸시코 섰던 난
그 많은 시간들 깜깜 암흑 깨닫지 못하고 살았음이구나
순하게, 순수하게, 착하게 그 순리 그대로
거역함을 모르고 평화롭게 고요히 그칠 바 없이
하루를 살아 왔어야 했었던 나, 그 존재(存在)성
이 무지몽매 구제불능한 어리석은 자여
그래서 더더욱 나 무얼 뭘 어찌 살았단 말을 할꺼나!
그래서 나 진정 인간(人間) 아닌 뭔 삶이었다고를 할꺼나!
제 삶에 완벽 아니라도 감사할 줄 모르고
늘상 끊임없이 남 탓하며 원망하며 거역하듯 살았음이니
꼭두새벽길 고요함을 깨치는 대찬 휘파람을 불면서
드넓은 평야 휘몰고 섰는 댓바람 쏟아 붓는 우박비처럼
받아라 소스라쳐 버려라
힘껏 소리 소리 쳐대기만 바쁨이었을 뿐이니...
어쩌리 어쩌하리 진땀 내 흘리면서까질 그침 없으니
멈출 줄 모르는 무대뽀 짐승형상이 이에 다를까!
절대자로부터 귀한 뜻 부여받은 인간형상 하고선
자연 속 작은 생명줄 하 나만도 못 미쳐 있었구나
참 푸르른 저 생명(生命) 너희들의 큰 가르침에 나
한동안을 고개 숙여 못 쳐들이라
제 한 목숨 살아 숨 쉴 수 있는 한
마지막 그 한 순간까지를 순명(順命) 바치는
이 세상 너희들은 영원 순결한 숭고함의 삶이었으니......

－「생명(生命), 넌 있는 그대로」 전문

하늘이 내려주신 신비로운 축복의 꽃
땅의 선물인지라

온누리 대자연 향원으로 속속들 내려와 앉은
무한 본능적 끈질긴 뿌리여 인내의 삶
가히 본받을 존경심의 땅

어이 따라갈 수가 있으리오까!

한 송이 송이마다의 뜻 고이 받아 누릴지니라

그래서 더욱 감사함일 뿐인지라

그래서 더더욱 하늘의 은총 이 땅윌 빛낼지니라

가히 형형색색 뽐낼 수 조차 없음이로니
그 자태 형영은커녕
아예 따를 수가 없음이로소이다

내 영혼을 그에게
순천(順天)명 해 바치고져 함이다

그 형상 그대로
그 자태의 향 고이 고이
태양의 열정과 야생적 미 두루 두루 갖추어설

영원히 함께 넌......

-「야생화」전문

활 활 불타오르는 횃불 든 열망의 힘 수렴해
나 그대를 두 팔 벌려서 온 힘껏 끌어 안습니다
오직 당신만을 염원 속 메아리 쳐 울리며

내 영혼 다 불태워서 뜨겁게 뜨겁게 뜨겁게

영원불변 끓어올라선 용암 분출 내 화형의 불이여
천혜(天惠)자연, 그 자체 너만을
뜨겁도록 사랑 합니다

사랑이여 사랑이여 사랑이여
영성의 맘 바위틈 흐름 타고선 자유의 신
영원할 내 사랑 혼신의 불
그대여라

너와 나 우리 서로를 함께 불꽃 튀어 오르도록
내 사랑 그대, 당신 심장 속을 겨냥해
이 가슴 다 닳도록 그대께로 사랑을 바치렵니다

내 사랑의 파라다이스 내 님, 당신께로

태양의 열정과 야생적 미 두루 두루 갖추워설

영원히 함께 넌......

-「내 사랑 당신께로 바칩니다」 전문

김서휘 시인은 이번 시집 제목을 『생명의 숨소리를 난 사랑한다』고 했다. 여기서 주목해야 할 부분은 '생명의 숨소리'다. '생명의 숨소리'란 무엇인가. 이는 생명이 갖는 내면의 세계, 그것은 생명을 지닌 모든 존재들의 본질적인 속성이거나 내밀한 섭리를 말하는 것이다. 그만큼 이번 시집에서 시인은 생명의 본질에 대한 비밀을 드러내는 일에 열정을 보이고 있음을 알게 된다. 그리고 이러한 관심들이 이번 시집의 작품들에서 드러나고 있는 주제인데 이를 직접적으로 반영하고 있는 작품이 인용한 「생명, 넌 있는 그대로」가 된다.

여기서 시적 화자는 생명력과 존재를 동일시한다. 그래서 모든 존재들은 생명력을 가진 것으로 인식한다. 그런데 문제는 화자가 그러한 존재성의 진실을 모르고 지금까지 살아 왔다는 것이다. 이는 철저히 자기 존재에 대한 반성이고, 깨달음의 과정이기도 하다. 생명의 소중함에 대한 자기존재에 대한 그동안의 무지가 남을 탓하고 원망하고 거역하고 방해하고 소리치고 짐승처럼 살았다는 것이다. 그리하여 인간인 나는 자연의 작은 생명만도 못한 존재가 되었다. "참 푸르른 저 생명 너희들의 큰 가르침에 나/ 한동안을 고개 숙여 못 쳐듦이라" 여기서 시인은 인간 생명과 자연 생명을 구별한다. 자연 생명들은 마지막 순간까지 순명(順命) 바치는 순수자연의 모습이다. 그런데 인간 생명들은 자연 생명처럼 순명하지 못하는 무지한 존재다. 따라서 이번 시집에서 보여주려는 주제는 자연과 인간에 대한 괴리감에 대한 인식이며 그러기에 이를 극복하고자하는 노력에 있다.

자연 생명, 자연 존재는 무엇인가. 자연은 이 시의 마지막 부분에서 보이듯이 순명을 바치는 존재다. "제 한 목숨 살아 숨 쉴 수 있는 한/ 마지막 그 순간까지 순명 바치는/ 이 세상 너희들은 영원순결한 숭고함의 삶이었으니…" 이처럼 철저히 섭리에 순명하는 것이 자연이다. 그런데 화자를 포함한 인간 생명들은 이러한 천리에 순명하지 못하고 있다. 그렇다면 천리에 순명하지 못하는 인간들은 마땅히 이를 해결해야 하는 것이다.

이러한 노력을 보여주는 작품 중 하나가 「야생화」다. 야생화는 비록 들에 핀 이름 없는 꽃이지만 시인은 비록 야생화일지라도 하늘이 내려준 축복이고 땅의 선물이라 했다. 온 누리 대자연 향원에 내려앉은 무한 본능의 삶, 존경의 땅이기에 인간이 따라갈 수 없다고 했다. 꽃들은 송이송이 뜻 고이 받아 누리고, 감사하고, 하늘의 은총을 빛낸다 했다. 그런데 인간들은 야생화의 형형색색을 뽐낼 수도 형언할 수도 아예 따를 수 조차도 없는 존재다. 그래서 시적 화자의 마지막 소망은 "내 영혼 그에게/ 순천명(順天命) 해 바치고자 함이다// 그 형상 그대로/ 그 자태의 향 고이고이// 태양의 열정과 야생적 미 두루두루 갖추어설// 영원히 함께 넌…"이라고 하였다. 내 영혼도, 아니 인간들도 이름 없는 야생화에서도 순천명하는 천리를 배워야하고 그러한 생을 영위하는 자연과 영원히 함께하는 동반자의 삶이 되기를 간절히 염원하고 있는 것이다.

아니 순명하는 자연의 삶을 동경하고 염원할 뿐만 아니라 아예 자연과 절대적인 사랑의 관계가 되어 온전히 물아일체(物我一體)와 물심일여(物心一如)의 파라다이스로 승화되는 시적 구원의 경지까지 이르기를 열렬히 고백하기에 이르게 되는데 이를 적극적으로 드러내고 있는 작품이 바로「내 사랑 당신께로 바칩니다」가 된다.

이 작품은 시인이 순명하는 자연생명들과 천리를 거역하는 인간 생명들의 무지에 대한 자각이나 인식의 단계를 벗어나고, 순명하는 자연 생명과 이를 따를 수 없는 인간 생명들의 한계에 대한 아쉬움에서 오히려 순명하는 자연을 동경하고 함께 동행하기를 염원하다가 마침내 자연을 절대사랑의 대상으로 인정하고 "활 활 불타오르는 횃불 든 열망의 힘 수렴해/ 나 그대를 두 팔 벌려서 온 힘껏 끌어 안습니다"의 경지로 들어서는 합일의 실천이고 온전한 통합의 황홀경이다. 얼마나 자연과의 일체감을 열망하고 있는지. "영원불변 끓어올라선 용암 분출 내 화형의 불이여/ 천혜(天惠)자연, 그 자체 너만을/ 뜨겁도록 사랑 합니다" 용암 같은 불꽃으로 순수 자연인 너만을 뜨겁게 사랑한다는 것이다. 그리하여 "너와 나 우리 서로를 함께 불꽃 튀어 오르도록/ 내 사랑 그대, 당신 심장 속을 겨냥해/ 이 가슴 다 닳도록 그대께 사랑을 바치렵니다"라는 극한적인 희생과 헌신의 사랑을 고백 하게 된다. 그리하여 너와 나는 온전히 하나가 되는 사랑의 파라다이스, 시적구원의 에덴을 실현하게 된다.

물론 그동안도 많은 시인들이 인간의 한계를 인식하고 자연의 순수함, 영원함, 순명함에 대한 노래를 불렀다. 그러나 대개는 자연의 외모를 감탄하거나, 자연의 순명을 배우거나, 동화와 투사를 통해 자연과 하나가 되자는 말을 구호나 선언이나 예찬으로 끝나는 것이 대부분이었다.

그런데 김서휘의 이번 시집에서 보여주는 친자연적 시학은 자연을 '너'라는 2인칭에서 '당신'이라는 극존칭을 사용하여 일반인들의 자연에 대한 제3자적 동경의 경지를 넘어 연인의 관계로 나아가 신앙의 대상으로까지 승화시키기고 있다는데 있다. 이는 순명하는 자연과 순명을 거역하는 인간의 괴리로 인한 인간의 불행을 해결하는 길은 자연과의 온전한 합일인데 이를 위해서는 자연과 인간의 관계를 에로스나 아가페의 열렬한 사랑의 관계, 그러한 감성의 적극적인 결합으로만 가능하다는 매우 탁월한 시적구원론이라고 해야 하겠다.

둘째로 이번 시집이 보여주는 색다른 부분은 과거 시집에서도 그렇지만 김서휘 시인의 독자적인 시어법이다. 시에서 시어란 마치 건축물의 자료와 같다. 벽돌집은 벽돌이란 자료를 주로 사용한 집이고 콘크리트 집은 콘크리트가 주 재료다. 시라는 건축물도 시어라는 개개의 언어들이 결합된 것인데 이는 시인의 문체나 시의 성격을 말하는 단서가 된다. 그리고 시어도 시대성 역사성을 지니고 있기 때문에 과거에는 한자어 등이 많고 현대에는 순수 우리말 또는 외래어를 간혹 보게 된다. 그런데 김서휘 시인의 시어들은 한자에 순수 우리말 그리고 외래어를 혼합해서 쓰고 때로는 독자적인 접미사를 첨부하여 독특한 시어법을 구사하고 있다. 다음 작품을 보자.

공즉지색 은하계 핵 행성무리를 빙 둘러 싸여선
성대무리한 별천지 축령(祝齡)의 성
여여히 백그라운드 어둠속을
허공 중에 불빛망 돼 떠돔이라

천하유일한 화산 분화구와 아리딴 집채들
하늘과 바닷물을 아울러
나날이 첫 돋을볕 가슴팍 언저리로 감열등 불 밝힌다

자연(自然)과 인간과의 한 지붕 속되지 않은 삶

시시때때를 변화무쌍한 자연 순환의 섭리줄 따름이니
아님을 깃발 들어 천지를 알리리오까!
아님을 오선계에 지어 받아 올리리오까!

하늘을 천지개벽
바다를 일기개왕 소식망이로니
이야말로 진정 자연섭리막 어마무개함을 알아야 할지니라

참 이상세계 파라다이스 존재해 섬 그 반면에

천연스럽게도
한 마디로 저 기 하늘창을 더불어 벽해수
색즉시공인즉 그 모두가 조화옹의 지음만이 따라 있으렸다
자연계는 말하고 있다

헌데 저 풍경막 그 누군들 대변을 논치 않을 쏘리이까!

–「성산일출봉」 전문

우선 이 시의 시어법을 보면 한자숙어들이 많다. 공즉시색, 천하유일, 변화무쌍, 천지개벽, 일기개왕 색즉시공 등이 그것이다. 이러한 시어들은 한자 숙어들이어서 다소 관념성이나

난해함과 고루함을 느끼게 한다. 그런데 다음 시어들은 독특한 조어를 통해 생경함 또는 당혹스러움을 주고 있다. 성대무리, 불빛망, 자연섭리막, 어마무개, 풍경막, 그 밖에도 환희성, 암흑성, 교자성, 예리성 등 '막'이나 '성'이라는 접미사를 붙이거나 두 단어를 합성하여 순수 우리말의 독특함을 활용하기도 한다. 그리고는 백그라운드, 파라다이스 등 외래어도 사용한다.

이처럼 다양한 시어법의 활용은 독자들에게 때로는 당혹감을 주기도 하고 난해한 것으로 오해될 수도 있다. 그러나 순 우리말의 활용이나 독특한 조어의 시도들은 오히려 시어의 폭넓은 사용과 개척이라는 긍정적인 의미를 부여할 수도 있다.

시는 시인의 상상력을 통한 창조적 행위다. 그리고 여기서 창조적 행위란 결국 시인이 선택한 시어들의 결합을 통해서 이루어지는 것이라는 점에서 그가 어떤 시어를 선택하든 그 것은 시인의 창조적 자유라고 할 수 있다. 그러나 시가 독자와의 감동적인 대화라는 점에서 어떤 시어를 통해야 보다 감동적인 대화를 모색할 것인가 하는 문제도 함께 검토할 사항이며 이는 전적으로 시인의 몫이 된다. 그런 점에서 김서휘 시인의 생소한 시어들은 당혹스러우면서도 한편 도전적인 실험성을 지닌 시도라고 해야 할 것이다.

김서휘 시인의 이번 시집 『생명의 숨소리를 난 사랑한다』를 보면서 우선 시를 숙명으로 생각하고 시를 사랑하며 행복해하며 감사하는 그의 시 진지한 정신에 경의를 보낸다. 그 많은 자연예찬의 일반 시인들과 달리 하늘이 내린 생명력, 그 존재성의 섭리에 순천명하는 자연의 순수함을 신앙처럼 사랑하면서에 내 온몸을 불살라 그 순수자연의 순명에 합일하려는 그의 뜨거운 열정에도 찬사를 보낸다.

김서휘 시집

생명의 숨소리를 난 사랑한다

2017년 10월 21일 인쇄
2017년 10월 21일 발행

지은이 김 서 휘
펴낸이 신 용 호
펴낸곳 창조문학사

서울 서대문구 홍은동 397-26 동천아카데미 5층
등록번호 제1-263호
전화 374-9011, Fax 374-5217
공급처 한국출판협동조합 전화 716-5616~9

값 10,000원
ISBN 978-89-7734-448-8